# 现代大学生体能训练理论与
# 方法研究

郭鹏举　马德厚　吕　晶　著

吉林摄影出版社

·长春·

图书在版编目(CIP)数据

现代大学生体能训练理论与方法研究/郭鹏举,马
德厚,吕晶著.--长春:吉林摄影出版社,2024.8.
ISBN 978-7-5498-6275-7

Ⅰ.G808.14

中国国家版本馆 CIP 数据核字第 2024CE1789 号

现代大学生体能训练理论与方法研究

XIANDAI DAXUESHENG TINENG XUNLIAN LILUN YU FANGFA YANJIU

| | | |
|---|---|---|
| 著 者 | : | 郭鹏举　马德厚　吕　晶 |
| 出 版 人 | : | 车　强 |
| 责任编辑 | : | 罗　晗 |
| 开 本 | : | 787mm×1092mm　1/16 |
| 字 数 | : | 98 千字 |
| 印 张 | : | 7.5 |
| 版 次 | : | 2024 年 8 月第 1 版 |
| 印 次 | : | 2025 年 1 月第 1 次印刷 |
| 出 版 | : | 吉林摄影出版社 |
| 发 行 | : | 吉林摄影出版社 |
| 地 址 | : | 长春市净月高新技术产业开发区福祉大路 5788 号 |
| | | 邮编:130118 |
| 电 话 | : | 总编办:0431—81629821 |
| | | 发行科:0431—81629829 |
| 印 刷 | : | 北京银祥印刷有限公司 |

ISBN 978-7-5498-6275-7　　　　　定　价:65.00 元

# 前　言

　　随着经济社会的发展,大学生的生活质量和水平都有所提高,作为高校体育教学活动的执行者,体育教师更应提高对大学生体能训练的重视程度,创新大学生的体能训练方式,进而提高大学生的身体素质。良好的体能是大学生进行各种体育课程学习的基础,体能训练也是很多体育运动项目开展的基础和前提,故体能素质必将影响大学生掌握体育技能的效果,并对体育教学课程的质量产生一定的影响。因此,新形势下,高校必须提高对大学生体能训练的重视程度,并考虑提高体能训练在体育教学活动中的比重,这样既可以丰富高校体育教学课程体系,又符合新课改背景下高校体育教学发展的实际要求。

　　作为高校体育教学工作者,应先提高对大学生体能训练的重视程度,同时又要对体能训练有一个充分的认识,从而在体育教学中有效开展体能训练,切实提升大学生的身体素质。提高大学生的体能需要学校和社会各方的共同努力,各大高校要积极引导学生养成良好的生活习惯和健康的运动理念,以此提高大学生的身体素质。体能训练作为高校新的体育训练项目,主要包括力量、速度以及耐力等。在高校开展体能训练的实际过程中,学生应根据个人身体素质进行体能训练,这样既有利于学生了解自己真实的运动水平,激发身体的潜在能力,又有利于调动学生参与体育课程的积极性,更快地掌握体育知识和技能,从而为大学生身心素质的发展奠定良好的基础。

在本书中,作者努力展现了自己对于大学生体能训练理论与方法的深入思考和研究,希望通过书中的文字,能够带给读者朋友新的见解、启示和感悟。在撰写本书的过程中,作者深刻体会到了知识的无穷力量和文字的魅力,将自己的思想和经验融入其中,以期能够为读者提供有益的信息和深入的思考。由于学识有限,书中不妥之处还望读者批评、指正。

# 目 录

# 第一章  体能训练的基础探究

## 第一节  体能训练的基本概况

关于体能这一概念和它涵盖的相关内容已经成为近几年体育学科研究的热点问题。不过,对于体能及其相关主题的界定尚未统一。根据现有的文献资料,众多的学者和专家从各种不同的角度、不同的层面对体能这一概念进行了深入的解读,尽管这些概念之间存在相似之处,但内容却显得相当烦琐和复杂。什么是体能?这一命题构成了体能训练学理论逻辑的基本出发点,它涉及人们对于体能的本质、组成元素、分类和功能的理解,这在很大程度上塑造了体能训练学的整体框架、研究手段和训练策略。因此,深入研究"体能"这一概念的科学内涵和外延将有助于推动体育理论的进一步发展,并为各种体能训练实践提供科学的指导。

### 一、体能的概念及分类

#### (一)体能的概念

自 20 世纪 80 年代的中后段开始,"体能"这个词在各种与体育相关的报纸和文档中频繁出现,并逐步崭露头角,成为体育学领域的研究热点之一。

技能和体能是相对应而存在的。由于体能这一概念的定义既明确又易于理解,因此它越来越受到以技能为主导的竞技项目的教练和运动员的青睐。尤其是在 1994 年,由于"足球运动员体能测试"的广泛宣传,"体能"这个词变得家喻户晓。

体能是指在体育活动中,人体各器官系统所展示的各种能力,包括力量、速度、耐力、灵敏性和柔韧性等基本身体素质,以及人体的基本活动能力(例如,走、跑、跳、投掷、攀爬、爬越和支撑等)。

体能是一个充满不确定性的概念,它可以分为大型体能和小型体能。所谓的大体能,其实是指一系列的身体能力,其中涵盖了身体的运动能力、适应性、机能状态以及各种身体素质;所谓的小体能,是指在运动训练中涉及的体能锻炼以及其他体能性的项目。关于体能的定义,既有广泛的定义也有狭义的定义,但二者都存在一定的模糊性。从广泛的角度看,体能涵盖了身体的形态、功能、运动的品质以及适应性等多个维度,与传统的常规身体锻炼方法相比,它更注重的是适应性;狭义上的体能指的是上述各种身体能力在技能类对抗项目中的应用,与传统的专项身体训练相比,它更加强调对抗性和竞技性。

体能可以通过身体训练来获得;这与技能有所区别;涵盖了所有的运动能力。经过身体训练所获得的各种器官系统的机能在肌肉活动中的表现,这包括身体形态的适应性变化,力量、速度、敏捷性、耐力和柔韧性等基本素质。

## (二)体能的分类

体能类别的划分是基于对象的特定属性,通过将一个概念所代表的对象细分为多个相应的子类,从而明确这一概念外延的逻辑方法。在同一次的划分过程中,可以采用单一属性作为评判标准,或者同时采用多个属性作为整体的评判准则。另外,对于同一种类型,也可以从不同的角度进行分类。分类是一种特殊的划分方式,可以基于对象的特定属性来进行。此外,一般的划分实用性比较强,它是基于日常实践的需求来确定的,但当这种实践过程结束后,这种分类方法便失去了其原有的意义;分类是基于对象的独特属性来进行的,这使得分类比常规的分类方法更为科学,并且分类结果具有更高的稳定性,能够在较长的时间范围内发挥其效用。

目前,国内学者探讨体能分类问题时,多数人都尝试采用了"两分法"作为主要的分类方法。遵循对立统一的思想,采用"两级对举"的方式来进行最基础、最简洁的分类。由此可以得出,简化程度越高,对复杂对象的整体理解就越简单。一旦理解了两种具有两极性的类别的特性,那么对于处于两个级别之间、强度或程度各异的多种类别的特性就会变得更为容易理解。上述的体能分类方式并不是终结,根据不同的体能理念和分类准则,产生的各种体能类型都有其特定的适用范围和语境。如果在实际操作中能够明确这些体能概念和分类,那么就能为指导体能教学、锻炼和训练等各种工作提供科学的指导。

体能这一概念带有较浓厚的中国色彩,并随着时间的推移而持续进化。随着体育理论科学的不断进步,体能这一概念仍然会有所变化,但这一切都必须建立在大家逐步认可的体能特有属性的基础之上。

体能这一概念构成了建立训练学基础理论的根基和起点,只有明确了体能的概念,才能更准确地把握训练学的精髓。

依据逻辑学的分类原则,体能可以从获取途径、供能特点、在不同人群中的表现、适用范围以及体能与运动专项之间的关系等多个角度或属性进行不同的分类。在实际应用中必须明确特定的体能概念和分类,这对以后从事体能教学、锻炼和训练等工作是有一定好处的。

## 二、体能训练的概念

体能训练是运动训练的重要组成部分,它结合了特定的需求,并通过适当的动作训练,旨在优化运动员的身体结构,提高运动员身体各系统的机能,充分发展运动素质,并进一步提高运动表现。它构成了技术和战术训练的基础,对于掌握专项技战术,进行高强度的训练和激烈的比赛,促进运动员的身体健康,预防受伤和延长运动员的运动生涯具有极其重要的意义。

体能训练的核心目标是全面培养与运动员专项成绩紧密相关的各种运动技能,如力量、速度、耐力、柔韧性和灵敏性等。这不仅有助于改进运动员的身体结构和功能,还能提升他们的整体健康状况,为他们在专业运动和技术方面的持续进步打下坚实的基础。体能训练分为常规体能训练和特定领域的体能训练。一般的体能训练旨在增强运动员的身体健康状况，提升各个器官系统的功能，全方位地发展运动能力，改善身体形态，并通过多种非专项的体能训练方法来掌握非专项的运动技术、技能和知识，这都是为了更好地提高专项成绩的基础训练。专项体能训练指的是通过直接提高专业素质的练习和与该专项紧密相关的专门性体能训练，以最大程度地培养与专项成绩直接相关的运动素质，确保在比赛中能够有效地运用专项技术和战术，从而取得出色的成绩。

一般体能训练与专项体能训练之间的主要联系在于：一般体能训练构成了专项体能训练的基础，而一般体能训练则为专项运动素质的进一步提升提供了必要的环境和条件；专门的体能训练是为了提升特定运动的表现，并直接助力于创造出色的专项运动表现。随着专项技能的持续进步，一般体能训练基础和专项体能训练的标准也发生了变化，以满足专项运动成绩提升后的需求。这两种训练的总体目标是一致的，并且在实际应用中是不可分割的。

运动素质体现了身体在某一基础运动能力方面的具体表现，如力量和速度等，它不仅是构成体能的构成要素，也是在运动实践中评价和检验体能水平的常用指标。换句话说，运动素质不仅是体能水平的外在表现形式，更是决定运动素质的内在因素。一个人的运动能力是由其身体各器官和系统的功能水平所决定的。因此，身体素质与运动能力之间存在着密切的联系。

过去的身体锻炼主要集中在某一运动技能的提高，而对于运动员的总体运动表现、对抗技巧、应对大负荷和高强度疲劳的能力，以及他们顽强拼搏的精神特质等方面并没有给予应有的重视。体能训练的目标是将运动素质训练整合到运动员的全面运动能力中，并将其视为人体生物学机能发展和机能适应训练的一个重要组成部分。一般而言，身体训练的主要目标是提高单一的运动能力，而体能训练则是从提高人体的整体工作效率和机能潜能的视角来进行的。体能训练与身体训练是紧密相连的，它们之间既有区别又有联系。

# 第二节　体能训练的作用分析

　　运动员竞技能力的提高主要依赖于体能、技术、战术以及心理的综合训练。体能训练被视为金字塔结构的核心,它是取得成功的关键。一个人的体能基础越稳固,其在技术、战术和心理方面的表现也就越出色。

　　总结来说,体能训练构成了所有训练活动的基础,只有具备完善的体能,才能拥有完美的技能和心理状态。为了获得出色的运动表现,体能训练不仅是关键要素,有时它甚至是最为重要的因素。在各种不同的体育活动中,体能所起的作用各不相同。根据项群训练理论,竞技体育项目可以根据竞技能力的主导因素被分类为以体能为主导的项群和以技能为主导的项群。在以体能为主导的项目群中,体能的重要性是不可忽视的。在这类项目群里,技术成为体能发挥的载体,只有出色的技术才能确保体能得到最大化地利用。在以技能为主导的项群项目中,尽管体能发挥了关键作用,但其贡献相对较少。体能在这类项目中为技术和战术提供了坚实的支撑,确保技术在比赛中得到合理和高效地应用。通过对各种运动项目特性的综合分析,可以发现体能主要作用表现为以下几个方面。

## 一、促进身体健康

　　根据人体解剖学的知识,可以了解到人体内有数百块肌肉。人们依赖这些肌肉行走、跑跳、提带物品以及背负沉重的物品;它们负责将食物输送到人体的消化系统中,并帮助人们进行食物的消化、吸收以及排出体外;它们利用新鲜空气进入肺部,并将废气呼出;它们的作用是使血管进行收缩或扩张,并将血液输送到分布在身体各处的血管系统中。因此,要想保持一个健壮的身体状态,首先必须确保自己的所有肌肉都是强健的,否则就很难胜任这项工作。为了持续地进行工作,人们需要具备心血管耐力和肌肉耐力;为了移动重物或抵抗阻力,肌肉的力量是必不可少的;在日常的工作和生活中,一个身体素质差的人常常会表现出精神萎靡、情绪不稳、稍微做些重体力活儿就容易感到疲惫,这导致工作效率低下,并常常感到力不从心,因此需要进行较大幅度的活动,包括关节的灵活性和肌肉、韧带的伸展性。随着社会进步的加速,机械化、电气化和自动化水平的不断提升,人们在体力和能量上的消耗也相应地减少了。

## 二、提高运动成绩

现代竞技体育的一个显著特点是要求运动员不仅要掌握最先进的技术,还需要不断地提升自己的运动技能水平。因此,力量、速度、耐力、柔韧和灵敏等身体运动能力作为竞技运动的主要能力,其发展程度对于掌握先进技术和提高运动成绩具有决定性的影响。关于体能与运动技巧、策略和成果之间的联系,曾有人这样形容:运动成绩就像高楼大厦,而技术和策略就像是高楼的钢筋水泥,而体能则是这些建筑的基础。对于楼房来说,首先要确保其基础稳固,如果地基不稳固,钢筋和水泥无法坚固,那么高楼便会变成空中楼阁。同时,实践经验也表明,不同的运动项目对运动员的体能有不同程度的要求,只有提高体能,技术水平的提升才可能实现。

例如,一个跳远运动员想要跳出超过 8 米的距离,那么他的体能必须满足以下标准:在百米内的速度不应超过 10.5 秒;立定跳远可以超过 3 米的距离;立定三级跳远的距离超过了 10 米;当进行踏跳腾空动作时,腿部有能力承受 700~800 千克的力量。在现代足球比赛中,运动员需要在90 分钟内来回奔跑万米以上,其中近 1500 米的快跑速度和大约 12 秒的百米速度。在这场激烈的比赛中,运动员需要做倒地铲球、带球突破、凌空射门和合理冲撞等高难度动作。如果没有力量、速度、敏捷性、柔韧性和协调性等基础的身体运动能力,完成这些任务将是非常困难的。短跑这一项目对于运动员在爆发力、反应迅速性、移动速度以及专业柔韧性和快速运动协调性方面都有着极高的标准;在举重比赛中,运动员的力量和专项动作的速度需要得到最大程度的提升,同时也对其专项的柔韧性和协调性提出了更高的标准;体操、武术、拳击以及球类运动等,对于身体各方面的素质,尤其是体能的整体表现都有着相当高的标准和要求。从这一点来看,体能不仅是掌握各种技术和提升运动表现的基础,而且为了获得出色的成绩,运动员的体能也必须得到最大限度的发展和提升。

经验告诉人们,不论是国内还是国外的杰出运动员,他们的体能都是顶尖的,否则他们无法达到世界的先进标准。

## 三、增强抗疲劳能力

随着现代竞技运动技术的持续进步,比赛次数也在逐年增加。如果运动员希望持续提升自己的运动表现,那么他们必须接受高强度的体育训练。然而,只有出色的身体素质才能确保身体能够适应高强度训练的需求,否则,训练结束后产生的疲惫将难以恢复,从而对身体健康造成损害,并对训练成效产生不良影响。目前,教练员已经逐步意识到运动员的体能与高强度比赛之间的紧密联系,因此体能训练受到了广泛的关注和重视。

## 四、保持良好心态

众多事实已经证实,运动员在体育训练和比赛中展现出的稳定和出色的心理状态是他们取得胜利和成功的关键要素。出色的身体素质是建立稳固和健康心理状况的关键。对于运动员来说,"自信"是一种关键的心理素质,如果运动员在训练和比赛中没有足够的自信,那么他们很难取得胜利。"自信"与人体的生理功能是紧密相连的,只有当一个人拥有良好的身体素质和健壮的体格时,其才能充满活力,建立积极的自我认知,并对成功持有坚定的信念。

此外,在训练和比赛中,运动员对任务的重要性和复杂性有正确的理解和估计,知觉精确,思维判断敏捷,能够自觉地控制和调节个人情绪,以及具有坚定不移的意志品质,这些都是建立在良好的体能基础上的。对于运动员来说,体能的进步和增强是身体变化中一个非常困难的阶段。这个阶段会激发运动员对取得卓越表现的坚定追求和克服挑战的决心,这对于运动员维持一个健康的心态至关重要。

## 五、延长运动生涯

优异的运动成绩是基于体能的高度发展之上的。机体的能力发展水平越高,其衰退的速度就越缓慢,从而保持的时间也就越长。如此一来,运动员在专项技术和战术的运用与维持上所需的时间会相应地延长,从而使得运动水平的衰退速度也更为缓慢,这样运动员就能更持久地维持其高水平的竞技运动能力。

如果运动员的体力和技能水平不相适应,那么他们的运动生涯可能会提前结束。同理,如果运动员的身体素质没有得到充分的提升,那么他们维持体能的时间将会减少,衰退的速度也会加速,这将对他们的运动表现和持续性产生直接的影响。我国的一些运动员提前结束了他们的运动生涯,其原因很大程度上就在于此。

# 第三节 体能训练的基本原则和基本要素

## 一、体能训练的基本原则

体能训练作为运动训练流程的一个关键环节,需要根据不同运动项目的特性来选择合适的训练内容,并通过各种有效的训练手段和方法,以对运动员的身体施加适当的压力。这样做可以最大限度地挖掘运动员的竞技潜力,从而改善他们的身体形态,提高机体机能,促进身体健康,并发展运动素质。

体能训练是一个不断重复进行的刺激、反应和适应的过程,它是身体结构和机能不断被破坏和重建的循环过程,本质上是人为地、有目的地、有计划地对运动员施加系统的适宜运动负荷刺激,从而产生人们预期的适应性变化。科学地进行运动训练不仅要深入理解训练的理论,还需要掌握隐藏在这些理论背后的人体生理功能的变化模式。通过合理地配置运动训练中的各种元素,可以让机体达到最佳的反应和适应,从而实现最佳的训练效果。

在训练的过程中,有很多客观规律是不受个体主观意愿影响的。训练规律描述的是运动训练系统内部各组成部分以及它们与系统外部相关元素在结构和功能上的内在联系和发展的不可避免的方向。在运动训练的实际操作中,这些核心联系不断地出现,并在特定环境下对运动训练的进展产生影响或决策作用。训练的规律是一种不受人们主观意志影响的客观现象。在长期的运动训练过程中,教练不断地汲取成功的教训和失败的经验。他们通过深入的科学研究来探索和理解训练中的固有规律,并将实践中得到的经验和科研成果进行整合和提炼,形成了理性的认识。为了更好地指导运动训练实践,他们还用准确的文字描述了这些认识,并据此提出了一系列科学的指导原则,这些建立的科学原则反映了人们对客观规律的准确理解。训练原则反映了运动训练过程中的客观规律,它是运动训练过程中必须遵守的基本准则。

体能训练的基本原则是根据体能训练活动的客观规律来确定的,它反映了训练活动的客观规律,并对训练实践具有广泛的指导作用。科学化训练的首要原则是在进行训练时,必须遵循运动训练过程中的客观规律,而这些原则是运动训练过程客观规律的体现,遵循这些原则就是遵循训练过程的客观规律,这在很大程度上反映了训练的科学性。

随着时代的发展,科学技术水平的不断提升,训练实践也在不断地丰富人们的经验,人们对训练的客观规律的理解也在不断加深,不同的原则和文字描述只是教练员对训练规律在一定程度上的客观反映。然而,实际操作总是比理论更为先进,训练实际上是一种创造不存在的成果,也就是运动成绩。理论不能预先解释其所有方面和整个创造过程,因此,教练员需要在掌握客观规律的基础上,用超凡的洞察力来解释训练。在此背景下,教练员所积累并通过实践验证的宝贵经验也被视为科学的组成部分。

体能训练的基本原则体现了对身体训练的客观规律的理解和体现,它是对体能训练实践中的普遍规律和基本经验的总结和概括,也是指导体能训练时必须遵守的基本准则和依据。在指导运动员进行体能锻炼时,通常需要遵循以下几项基本原则。

## （一）系统性训练原则

系统性的训练原则旨在引导练习者在整个身体训练过程中,严格遵守体能训练的固有规律,并根据科学、合理和高效的训练方案,持续不断地进行锻炼。这个原则的建立与运动训练的连贯性和阶段性特点有着紧密的联系。为了确保训练流程的连贯性,必须确保训练的每一个环节都能够紧密结合。为了确保运动员系统能够进行多年的训练活动,一个健全的训练体制是不可或缺的保障。在这方面,我国的三级训练体制(包括中小学的课外训练、业余体育学校和竞技运动学校的训练,以及优秀运动队的训练三个层次)更符合系统性训练原则的需求。在训练过程中,三级训练体制各自承担着独特的训练职责。即便如此,各种训练的组织方式之间仍需保持紧密的协同,确保内容的组织、训练和比赛的标准以及所要完成的具体任务都能够无缝对接,这样才能达到最佳的训练效果。

在训练负荷的影响下,人体的生物适应不仅是一个漫长的过程,而且也是一个阶段性的过程。当机体对合适的训练负荷做出反应时,它可以被划分为以下几个阶段:赛前反应、准备活动、工作、疲劳、恢复、超量恢复以及训练效应消失。在一个较长的时间段,例如从几个月到一年的训练中,运动员的身体能力也会经历不同的变化阶段,包括竞技状态的形成、维持和消失阶段。在组织和实施运动训练过程时,必须根据其各个阶段的特性,按照一定的步骤和顺序进行,因为这个过程是按照既定的流程安排的。为了确保运动员的身体能够持续适应各种变化并积累经验,从而逐渐提高训练质量,必须坚持全年和多年的连续训练。这意味着训练过程中的每一堂课、每一个小周期、每一个训练阶段以及每一个大周期都需要紧密地连接在一起。在选择训练的内容、方式和工具时,应基于各个训练阶段和时期的具体任务,并深入思考它们之间的深层次联系以及各自的独特性。通常,应当根据从简单到复杂、从浅显到深入、从已知知识到尚未了解的顺序来进行规划。系统性原则强调了对体能训练全过程的整体规划,对于多年体能训练的各个发展阶段,需要从训练内容、方法、权重和负荷等多个方面进行合理和系统的规划。特别是在青少年阶段和高水平运动员中,这一原则更为重要和需要谨慎处理。另外,在进行训练时,应当高度重视并实施强有力的预防措施,以避免运动员遭受运动伤害。运动员受到的伤害不仅会破坏训练的连贯性和系统性,而且在严重情况下可能导致训练的长时间中断,甚至可能缩短运动员的运动生涯。

(二)全面性训练原则

全面性训练原则强调在培养特定运动技能的基础上,应充分、全面地发展运动员的各种运动能力,尤其是在儿童和青少年时期。在体能训练的指导过程中,应确保运动员在身体的各个部分、各个器官系统的功能,以及各种身体素质和基本的活动能力上都能得到均衡和全面地发展。

全面性训练的基本原则包括三个方面:第一,运动能力和身体功能是实现高水平专业技能的前提和基础。只有全面发展运动素质,并进行专业化的训练,才能获得更出色的成果,并更有可能取得卓越的运动表现。第二,人体的各个器官系统之间存在着紧密的相互依赖关系。为了全面提升运动素质,人体的多个系统需要同步参与。因此,在训练的初始阶段,必须使用正确且全方位的训练策略,以确保技术、战术和技能所需的身体形态和身体机能都能得到全面地提高。第三,为了获得出色的运动表现,必须在初级训练阶段全方位地提升运动素质。人体构成了一个有机的整体,其中各个机体的活动不仅是相互联系的,也是相互制约的;各种运动能力的进步都是互相作用和相互限制的。在进行力量训练时,身体的某个部位的发展可能会对其他方面的发展产生直接或间接的影响。只要对训练进行适当的调整,它就能有效地促进体能的进一步发展。为了转移运动素质和技能,需要满足特定的基础条件,而专门的运动素质和技能的培养也应基于普通的运动素质。只有进行全方位的训练才能为专项所需的各种条件和可能性提供充分的发展空间。随着运动员的技术水平的日臻成熟,他们的运动能力也在持续上升,因此他们的训练方向应该更加专业化。此外,进行全方位的体能锻炼不仅可以减轻高度专业化训练带来的枯燥感,还能激发运动员对练习的热情,并在专项训练中发挥调节作用。因此,为了遵循全面的身体训练原则,选择多样化的训练内容和方法,并采用多种灵活的训练方式和策略是至关重要的。

### (三)循序渐进的训练原则

循序渐进的训练理念意味着按照连续和逐步的方式来组织和执行运动训练。各种运动项目的知识和竞技能力的各个要素发展都有其独特的体系和内在联系,这反映了各运动项目由低到高、由易到难、由简到繁的发展规律,同时也反映了人们对客观规律从已知到未知的认识规律。运动员的各项竞技能力,包括体能,都需要经历漫长的培训过程,这样才能明显地得到提升和完善。运动员体能的提升需要基于运动员身体形态的变化和机能系统的提升,这样才能展示出高度发展的运动素质。运动员的有机体对训练负荷的生物适应需要通过机体自身的各个系统和器官的逐步改造来实现。因此,在设计训练内容时,应依据运动项目的内在结构和相互联系,按照一定的顺序来安排训练内容,并选择适当的训练方法和手段。这样可以使运动员逐步掌握技术和战术,提升运动素质,并逐步提高训练要求,从而实现良好的训练效果。

按照循序渐进的训练方法,只有经历了长时间和持续的训练,运动员才可能达到竞技体育的巅峰;同时,也要强调,在大多数情况下,训练的负荷应该是逐步增加的。在进行体能训练时,应当遵循运动技巧的发展模式、人体生理功能的变动模式以及人体的适应性原则。因此,在体能训练的内容与方法的设计上,应该从简单到复杂、从已有知识到尚未了解的部分逐渐加深;对于运动负荷的配置,应该从小规模逐渐扩大,并在一定的范围内持续增加,这样可以使身体从一个相对静态的状态逐步过渡到一个动态的状态,并逐渐增强人体对外部环境的适应性和工作效率。这一逐渐演变的过程构成了所有身体训练活动的客观规律,如果违反这一基本原则,不仅会对训练效果产生不良影响,还可能对身体健康构成威胁。

### (四)区别对待训练原则

"区别对待训练原则"意味着在进行运动训练时,应根据各个专项、运动员的特点、当前的训练状况、训练任务和具体的训练条件等因素,有针对性地组织和安排训练过程,明确训练任务,选择合适的训练内容、方法和手段,并合理安排运动负荷,这是一种训练原则。在现代运动训练实践中,个体化原则已经成为最关键的训练理论之一。在制定训练方案的过程中,教练员会根据每位运动员独特的身体素质、潜在能力、学习习惯以及他们所专注的专业领域等因素,精心制订符合每位运动员需求的个性化训练计划,以便最大限度地挖掘和发展他们的潜能和优势。一个运动员在不同的训练阶段和时间点上,其表现会有很大的差异,而不同的训练环境和条件也会对训练的内容和组织实施提出不同的要求;不同的专业运动员在竞技中的表现会受到各种因素的影响,因此他们的训练标准也会有所不同。因此,在决定训练的内容和方法时,必须根据特定项目的需求进行差异化处理。

在进行体能训练的指导或实施过程中,应根据不同的人、项目和时间进行差异化的训练。在进行体能训练时,需要根据受训者的个性、身体健康、训练环境、技能水平、训练标准以及比赛需求等实际因素进行合理的规划。每一次的训练内容和所需的运动负荷都应该与运动员的实际情况相匹配,既要满足基本的训练要求,同时也要有所区分,确保经过一段时间的努力后,学员能够达到标准并熟练掌握,从而确保他们的身体素质和运动能力得到持续的提升。此外,为了满足运动员在提升运动能力和成绩方面的需求,还需要有针对性地规划与各种运动项目相关的体能训练的内容和负荷,以便更好地挖掘和满足运动员在发展和提升运动技能方面的需求。这个训练准则强调体能训练必须具有明确的目标性,并且必须紧密围绕提升专业表现和技术能力这一终极目标来展开;在进行体能训练时,不仅要考虑运动员的个人和外部条件,还要考虑他们的特定需求,从而合理地确定和规划体能训练的主题和强度。此外,为了满足提升运动技巧的标准,运动员的运动能力应在多个领域中均衡地发展。

每位运动员在身体功能、技能、策略、智慧和心态上都有其独特之处,这要求教练应根据每位运动员的独特性进行因材施教,并有针对性地进行体能锻炼。面对相同的训练内容和运动负荷,不同的运动员可能会有不同的反应。因此,教练员在日常训练中必须深入了解运动员的身体、技能和心理反应,并根据实际情况适时调整训练内容、方法和负荷,以确保训练更具针对性。

## 二、体能训练的基本要素

在进行体能训练时,应当严格遵循人体生理功能的变化、适应性、动作技能的形成,以及身体锻炼的基本规则、原则和方法。这样可以全方位地提高运动员的身体素质和基本活动能力,同时也有助于改善和增强运动员的身体形态、机能以及其他运动相关的素质和能力。要想成功地进行体能训练,有四个核心要素需要满足,分别是练习的密集度、强度、持续时间以及具体的练习方式。

### (一)练习的密集度

所谓的练习的密集度,是指参与体育活动的频繁度、练习的强度、所需的练习时长以及练习的次数之和。在进行体能训练时,练习的密集程度与其强度和持续的时长有着紧密的联系,它被认为是评估运动强度的关键因素之一,通常是通过体能训练的实际时长与总训练时长的比率来描述的。如果一次体能训练的总时长是 60 分钟,而练习者在这次训练中实际投入的时间是 20 分钟,那么该练习者在一次体能训练中的参与密度将达到 33.3%。所采用的计算方法是 $20 \div 60 \times 100\% = 33.3\%$。因此,在体育活动中,练习的密集程度主要揭示了实际练习时长与整体练习时长之间的联系。

### (二)练习强度

所谓的练习强度,是指在进行运动训练时的强度水平,涵盖了物理和生理两个方面的强度。所谓的物理强度,是指单位时间内所做的功,以重量×距离/时间来表示;生理强度的评估是基于生理功能的指标(如运动心率),它主要是通过心率和脉搏的频率来控制训练的强度。需要强调的是,根据不同的运动强度和练习成果,练习的强度是可以调整的。例如,在耐力素质训练中,练习者的心率被要求保持在 150 次/min 的水平,并作为一个强度的标准。如果运动员在训练过程中的心率超出了 150 次/min,那么他们的跑步速度应当适当降低;当运动员的心跳频率低于 150 次/min 时,他们应当考虑提高跑步的速度。因此,生理负荷不仅是衡量个人练习努力水平的一个重要指标,也是提升运动表现的关键因素,同时还是一种有效地掌握练习强度的手段。

### (三)练习时间

所谓的练习时间,是指一个人的运动持续时间的长短,也可以叫作持续时间。在进行体能训练时,练习的总时长、完成各种动作所需的时间、不同练习之间的连接时间、练习的休息时间以及整个练习过程中的充分休息时间等都是主要的考量因素。在进行体能锻炼时,不同的运动时间组合会导致不同的生理压力。在不同的练习阶段,通常的练习时间应与练习的强度成反比,也就是说,练习强度越高,达到或维持练习效果所需的时间就越短;练习的强度越低,所需的练习时长就越长。显然,在运动过程中,练习的强度是可以调整、增加或减少的,但这需要从一开始就确保有充足的持续时间,只有这样,内部环境才会发生相应的变化。因此,锻炼的时长与运动的强度之间存在着紧密的联系和因果关系。

### (四)练习形式

所谓的练习形式,是指选取合适的练习示例或挑选与运动员相匹配的运动模式。鉴于各种运动都存在其独特的长处和短处,因此,为运动员提供的运动选择也会有很大的差异。但是,不论是选择有氧还是无氧的训练方式,运动员都需要对练习的项目、时间、强度和节奏等各个环节进行全方位的评估,并据此制定出与自己需求相匹配的体能训练方案和方法。

## 第四节　体能训练的敏感期

体能训练的敏感期指的是运动员在某一特定能力和行为上达到发展的最佳时期。每一种身体素质都有其特定的发展敏感阶段,在这段时间里,相应的身体素质的发展速度是相对较快的。运动员选拔时,素质发展的敏感时期成为关键的参考依据。身体素质的关键发展时期主要是在儿童和青少年阶段,如果错失了这些关键时期,那么他们的身体素质发展可能难以达到预期的标准。在体能训练的这一阶段,必须充分培养能够满足特定需求或直接服务于特定项目的运动能力,从而为创造优异成绩奠定坚实的基础。下面分别介绍一下各种身体素质发展的敏感期。

# 一、力量素质发展的敏感期

对少年儿童而言,负荷过大的力量训练可能会阻碍他们身体的正常成长发育。然而,这并不代表在少年儿童的成长阶段就无法进行有效的力量训练,适当的力量锻炼能够对他们的肌肉发育、肌肉力量和用力姿态产生积极的影响。

## (一)绝对力量

女子绝对力量的增长可分为以下 4 个阶段:10～13 岁,力量增长很快(特别是屈肌),绝对力量可提高 46%;13～15 岁,增长速度下降,只增长 8%;15～16 岁,增长 14%;16～21 岁,增长 6%。

男子绝对力量的增长阶段是在性成熟期(12～16 岁),平均增长 57.5%;17～20 岁增长速度下降,为 36.6%;21～22 岁只增加 9.6%;25 岁左右达到成人所能表现的最大力量。

## (二)相对力量

男子、女子相对力量的增长较为平缓。从 12～14 岁,每年只增长 2%～3%。造成这种现象的主要原因是体重增长较快,在身高增长的最快时期肌肉横断面积增加较少;在身高增长速度减慢时,肌肉的增加又使体重相应增加了。

## (三)速度力量

7～14 岁速度力量增长很快,14 岁后男子仍以较快速度增长,而女子增长幅度相对较小。到 16～17 岁增长速度开始减缓,这种现象与男女进入青春成熟期内分泌腺开始急剧分泌有关。

## (四)力量耐力

女子在 7～13 岁前处于直线上升趋势,13 岁以后开始缓慢发展,14 岁以后甚至出现下降现象,这是因为性成熟期的到来使力量耐力受到较大的影响。男子在 7～17 岁,力量耐力则基本上处于直线上升趋势。

## 二、速度素质发展的敏感期

速度素质发展的敏感期为 8～13 岁。速度素质包括反应速度、动作速度、动作频率和移动速度。在少年儿童时期，速度素质的发展着重于动作速率的提高。

### (一)反应速度

反应的速度会受到遗传因素的影响(遗传力可以高达 75% 或更多)，而后天的训练主要是为了展示由遗传因素决定的反应速度。在 2～3 岁时，反应速度介于 0.50～0.90s 之间；5～7 岁时，反应速度为 0.30～0.40s；而在 12～14 岁时，反应速度接近成人 0.15～0.20s 的指标。在 6～12 岁这一阶段，反应速度显著加快，特别是在 9～12 岁时，反应速度明显加快，并在 12 岁时达到了首个高峰。在 9～12 岁的年龄段，如果加强了系统性的训练，反应的速度会最快地提升，反之，反应速度的提升则会相对缓慢。在 12 岁之后，反应的速度开始放缓，而在 16～20 岁时，增长达到了第二个高峰。总体而言，随着年龄的逐渐增长，反应速度也相应地加快。因此，可以通过多种反应训练来刺激中枢神经系统，从而加快反应速度，但是训练时间不应过长。

### (二)动作速度

4～5 岁儿童的动作角速度为 26.1 度/s～37.1 度/s，随着年龄的增长，动作速度不断提高。13～14 岁时，一些动作的角速度已接近成年人的指标，可达到 42.0 度/s～86.1 度/s。因此，在 9～13 岁发展动作速度可取得较好成效。

### (三)动作频率

在人体的各个部分，动作的最高频率各不相同，其中腕关节的动作频率最为迅速，而踝关节的动作则相对较慢。随着年龄的逐渐增长，机体的活动频率也会相应地上升。特别是在 6～13 岁这一年龄段，协调性的发展达到了最佳状态，因为在这一时期，步频会自然增加并维持在一个相对较高的水平;在13岁之后,步频的发展程度开始下滑。随着年龄的增长,没有接受过训练的儿童的步频会逐渐下降,这主要是因为他们的中枢神经系统在协调方面的控制能力减弱,而那些受过训练的儿童则是因为他们的力量增加而步频上升。在所有年龄段中,4～12岁的动作频率增长最为迅速,而8～13岁则是训练的黄金时期。

### (四)移动速度

7～13岁是移动速度增长最快的年龄段,其中男性8～13岁、女性9～12岁的增长速度最快;在13～16岁的时间段以及之后,男性的增长速度一直超过女性,而女性在13～16岁的时期增长不是很稳定,并且增长的速度比男性要慢。

## 三、耐力素质发展的敏感期

在10～20岁的男性和9～18岁的女性中,耐力素质的发展最为敏感。耐力素质的发展与有氧和无氧供能系统的功能状态密切相关。因此,耐力素质的敏感时期与最大吸氧量、心脏循环率、肺部的扩张能力、大脑血液循环的动力学特性以及血液成分的机能状况等多个因素息息相关。

### (一)有氧耐力

当女性年龄在9至12岁之间时,她们的有氧耐力指数显著上升,但在进入性成熟期后的2年(也就是14岁之后),她们的有氧耐力开始下滑,而到了16岁之后,这种下降趋势变得缓慢。当男性年龄在10～13岁之间,他们的耐力指标大幅度提高,出现了首个增长高峰;在16～17岁这一年龄段,有显著的增长,并出现了第二次的增长高峰,尤其是在16岁时,60%的有氧耐力指数增长率超出了40%。

### (二)无氧耐力

在10～20岁的时间段内,男性的无氧耐力呈现逐年上升的趋势,特别是在10岁、13岁和17岁这三个年龄段,出现了三次明显的增长高峰,其中 16～20 岁的增长尤为显著,这表明在这段时间里,无氧耐力正处于良好的发展时期。

目前正在经历一个积极的发展阶段。从 9 岁～13 岁,女性的无氧耐力逐年上升,而在 14～17 岁期间有所下降。这种下降主要是由于女性在这个时期体重迅速增长,与最大吸氧量相关的指标在 14 岁时已经基本完成,但在 15～17 岁时仍然维持在原来的水平。因此,在 15～18 岁期间应该加强对女性无氧耐力的训练。

综合来看,为了 9～12 岁儿童的耐力发展,应该从加强有氧耐力的培训开始,为他们的耐力成长奠定坚实的基础。从 15～16 岁起,应逐步开展无氧耐力的锻炼,并提高其在训练中的占比。由于耐力训练项目具有独特的训练模式和成绩提升机制,因此在训练过程中不能操之过急。

## 四、柔韧性发展的敏感期

柔韧素质的敏感时期相对较早,通常在 5～12 岁之间。在儿童时期,身体的柔韧性达到了巅峰,这个阶段骨骼中的有机物质丰富,具有很高的可塑性,同时关节和韧带的伸展能力也相当出色。在这个阶段,随着合适的训练方法的应用,柔韧性会迅速得到增强。在训练的早期阶段,应重点培养身体各部分的柔韧性,也就是从小就开始培养柔韧素质;在运动的后期阶段,也需要重视柔韧性的培养,这样可以降低运动伤害的风险,并确保与力量锻炼相结合。如果能从儿童时期就开始注重柔韧性的训练,那么对于提高柔韧性素质的效果会更有成效。

## 五、灵敏性与协调性发展的敏感期

6～13 岁是发展灵敏素质的最佳时期。鉴于许多运动项目对灵敏素质有很高的要求,因此,在这个阶段,应该更加注重提高他们的灵敏素质水平。协调性发展的敏感期是在 10～13 岁之间,应该结合特定的技术动作来进行训练。

# 第二章 体能训练的方法与训练原则探究

## 第一节 体能训练流行的锻炼方法分析

### 一、有氧锻炼法

#### (一)有氧锻炼法概述

有氧锻炼法是指大学生通过呼吸能够满足运动对氧气的需要,在"不负氧债"的情况下进行健身锻炼的方法。这种锻炼的运动负荷强度适中,运动时间较长,以增强心血管系统和呼吸系统功能为主要目标,是近年来国内较流行的一种锻炼方法。

有氧锻炼的好处是能够提高肺脏的功能;提高心脏的功能;使肌肉和血管的张力改善,使软弱无力的肌肉和血管变得坚韧,有助于降低血压;能增加血流量,使氧输送更为顺利;提高最大耗氧量,增强整个身体特别是心肺、血管等功能,提高抗病力;等等。

在进行有氧锻炼前,要进行身体检查,这是确保大学生锻炼安全的保证。在身体检查合格以后,进行体力测试,以确定大学生的体力程度,为确定有氧活动的时间和距离提供依据。确定大学生的体力水平可采用12分钟跑,当然,也可采用24分钟跑或定距离跑。通过体力测试,体力水平较高的学生可以直接按照锻炼方案进行锻炼,体力水平较弱的学生,需要进行预备性体育锻炼。

运用有氧健身法的关键是掌握练习强度,这种练习强度既要处在有效健身价值阈以上,又不能超过无氧阈值,以保持无氧的性质。国内较为流行的是用运动时心率控制练习强度,可以用 130 次/分左右,不高于 150 次/分作为控制指标。

### (二)有氧锻炼法的注意事项

#### 1.要根据有氧锻炼的特点选择锻炼项目

有氧锻炼以提高大学生心血管和呼吸系统功能为目的,以有氧耐力水平的提高为标志,其项目特点是长时间小强度匀速运动。因此,在项目选择上,不宜采用肌肉等长运动方式,一般不采用举重、力量体操等运动,也不主张运用短跑等无氧运动手段。

#### 2.锻炼要因人而异

每个个体及其在不同的年龄阶段,其心血管和呼吸系统的功能是有差异的,有氧锻炼的强度也应有所不同。为此,首先要通过耐力测验的结果衡量大学生的体力情况,据此制定个人的有氧锻炼方案。

#### 3.要做好准备活动和整理活动

心血管和呼吸系统从相对安静的状态转入功能较高的运动状态,要有一个准备过程。跑的准备活动应使全脚掌着地,以利于伸展下肢和关节,准备活动的节奏也要由慢到快,逐步达到基本练习的要求。

## 二、发达肌肉法

发达肌肉法也称体形锻炼法,是指大学生在发展力量素质的同时,以增长肌肉、健美体形为目的所采用的方法。

爱美之心人皆有之。体育运动能够塑造健美的体形。因此,发达肌肉法受到大学生的普遍重视,从而构成体育运动的一个重要分支—健美运动。健美运动十分流行,由于大学生个人的条件不同,他们对体形美的性质和要求也不尽相同,以发达肌肉为主要方法的健美运动也可分成若干类型,即肌肉发达型、体能型和姿态型。

增大肌肉体积与发展力量素质在锻炼方向上基本一致,这是因为力量素质的发展是以相应的肌肉体积增长为基础的。然而,体形健美不仅仅要求发展力量素质,还要依据匀称、协调和美学要求使各部肌肉达到特定的比例,从而塑造美的体形。发达肌肉的锻炼内容包括:运用体操项目中的中杠、双杠、吊环等器械发展躯干和上肢肌肉。如双杠中的支撑双臂屈伸、双臂支撑摆动屈伸,单杠的引体向上、摆动屈伸等。运用哑铃、拉力器、杠针、综合练习器等器材,促使身体各部位肌肉协调发展。根据发展部位的需要,可自编各种练习动作量及练习次数的配合。运用克服自身体重的徒手练习,如跳跃、蹲起、俯卧撑、仰卧起坐等。这种练习不受器材及场地限制,简便易行,但发达肌肉的效果,一般不如器械练习明显而迅速。对发达肌肉和健美体形有重大影响的是身体各部分的大肌肉群,主要包括肩部肌群、臂部肌群、胸部肌群、背部肌群、腹部肌群和腿部肌群。这些肌群的体积和线条构成身体的整体外观,是在发达肌肉和体形锻炼中必须重点发展的部位。

## 三、消遣运动法

消遣运动法是指为了寻求生理和心理上的放松,欢度余暇而进行身体锻炼的方法。这种锻炼方法的活动强度不大,令人轻松愉快,具有安抚身心、消除疲劳的功效。消遣运动也称休闲体育,是随着现代社会的发展而逐渐发展和兴盛起来的。随着人类对自然界开发的广度和深度的不断提高,社会运动的时间节奏显示出由慢到快的变化趋势。为了抵消“快节奏”所造成的不利影响,现代社会大大增加了余暇时间,有着丰富的余暇活动,从而对社会成员起到了巨大的调节和缓冲作用。

此外,人们在满足了基本的生活需要以后,享受的需要、发展的需要也随之出现,并成为影响人们生活方式和行为方式的强大动力。人们需要利用各种方式,包括休闲娱乐的方式不断充实和完善自己,以努力提高个人的物质生活和精神生活质量。因此,消遣运动或休闲体育就成为现代人十分重要的活动领域。人们在余暇时间里的消遣运动和方式有很多,如制作手工工艺品、收藏、观看戏剧电影、欣赏音乐等。从体育的角度分析,可分为两类,一类是观赏性体育活动(非运动性消遣活动),如通过观赏各种体育比赛或表演,获得心理满足;另一类是体力性活动(运动性消遣活动),如散步、旅行、踏青、登高、狩猎、垂钓、泛舟等。

采用消遣运动法时应注意的方面包括:情绪放松,注意力专注于活动对象,要暂时忘记和摆脱工作、生活的困扰。活动内容选择要以兴趣爱好为前提,符合个人意愿。运动负荷以小、中强度为宜,以运动后能产生惬意的疲劳感为好。为增进情感交流,增添消遣情趣,最好能与亲友结伴而行,陪同活动。

# 第二节 体能训练的训练学方法分析

运动训练的方法极其丰富,分类非常复杂,常用的训练方法包括以下几种。

## 一、持续训练法

持续训练法是指在较长的时间里,用较稳定的强度,不间歇地进行练习的方法。持续训练法通常用于发展一般耐力,例如,长距离跑或游戏,球类中的多球训练,体操中的单个或成套动作的连续重复练习等。

## 二、间歇训练法

间歇训练法是指在一次或一组练习之后,严格按照规定的间歇时间和积极性休息的方式进行,在大学生机体未完全恢复的情况下就进行下一次(组)练习的方法。间歇训练法同重复训练法相类似,练习之间都有一定的间歇时间。区别的关键在于间歇训练法每次练习的间歇时间都有严格规定,要在大学生机体未完全恢复的情况下就开始第二次练习;而重复训练法的间歇时间要在大学生的机体基本恢复的情况下才开始第二次练习。

对于提高大学生的心血管系统的机能而言,间歇训练法特别有用。通常间歇休息在心率降低到120~40次/分钟时又开始下次练习。此时心脏每搏输出量能够达到最大值,耗氧量也达到最大值,接着又对心脏施加新的强烈刺激,这有利于增加心肌耐力,增大心脏容积,较快地提高心脏的功能。

贯彻间歇训练法应注意以下几方面的问题。

第一,明确构成间歇训练法的五个因素,并根据训练要解决的问题,有的放矢地进行安排和调整。这五个因素是每次练习的距离和时间,每次练习重复的次数和组数,每次练习的负荷强度,每次或每组练习之间的间歇时间,间歇时的休息方式。

体能训练通常采用的两种间歇训练法,主要是调节强度的办法。小强度间歇训练法占个人最大强度的 30%~50%,用于发展有氧耐力和局部肌肉耐力的训练法。较大强度间歇训练法占个人最大强度的 50%~80%,用于发展速度耐力和速度力量的训练法。

第二,对于机体机能水平尚低的学生,难以胜任较大的运动负荷,不宜采用间歇训练法;可以胜任较大运动负荷的学生,可采用间歇训练法。

第三,间歇休息的方式应该采用有轻微活动的积极性休息,以加速乳酸的排除。

## 三、变换训练法

变换训练法是指在练习过程中有目的地变换练习的负荷、动作组合以及变换练习的环境、条件等情况下进行训练的方法,这是一个运用很广泛的训练方法,只有在方法上采取变化,才能将训练实践搞活,达到不同的训练目的。

### (一)变换训练法的作用

提高大学生机体对训练和比赛的适应能力。培养大学生的多种运动感,如时间感、空间感觉、速度感、节奏感等。避免练习过程中的单调乏味,提高大学生的情绪、兴趣和积极性。

### (二)学校课余运动队训练中变换训练的常用形式

改变负荷的变换法。其目的主要是提高对不同负荷的适应能力,在篮球、足球等项目中运用短距离的变速、变向跑(慢跑时突然加速或加速变向)用以发展专项速度耐力。

改变动作组合的变换法。这种变换法多用于技术训练,特别是技术动作多,组合方式较为灵活的项目。如体操、篮球等项目采用这种方法对提高动作的连接技术、获得多种感觉信息有重要意义。

改变练习环境和条件的变换法。如场地器材条件,观众情绪条件,有对手、无对手条件,与不同技术特点的对手相对抗等。这种训练主要为了提高大学生适应变化条件的能力,提高在变化条件下运用技术的能力及心理的稳定性。

## 四、综合训练法

综合训练法就是把重复法、变换法、间歇法、竞赛法等结合起来运用的方法,它可集诸法之所长,取得训练的良好效果。综合训练法有两种主要组织方式:一种是将上述各种训练法综合运用,另一种是循环训练法。循环训练法的组织方式与循环练习法的组织方式相同,所不同的是练习内容要结合专项进行选择,练习应有重点内容。由于训练"负荷"相对较大,更应注意训练顺序排列的合理性,一般来讲从下肢活动开始为好。

## 五、竞赛训练法

在比赛的条件与要求下进行练习的方法,称竞赛训练法,它的主要特点是练习具有竞争性。学校运动训练中已广泛采用的方法有游戏性竞赛、身体素质比赛、技术和战术比赛、非专项比赛,采用竞赛法应该注意以下几个方面的问题。

第一,竞赛作为手段,运用时应该目的明确,应该根据训练任务和正式比赛任务采用某种类型的竞赛训练法。例如,教师可以从某一角度从严或放宽规则,或增加新的规则;缩小场地减少人数的足球训练比赛,用以提高基本技术、控制球的能力;作为检查训练效果的比赛一般安排在某一阶段的后期进行。

第二,要加强比赛训练的组织工作。集体成队的游戏和比赛,两队水平要接近,维持平衡的对抗,激发参加者的情绪,并且要有意识地培养大学生参与组织比赛裁判工作的能力。对于比赛进程中的负荷发展,教师要善于控制。

第三,训练性比赛是对大学生进行道德作风、意志品质教育很好的形式。用最快的方式把学生组织起来,在比赛规则允许的范围内通力协作,力争优胜,评比、表扬优良行为,做到实事求是、赏罚分明,这样就比较容易取得训练的效果。

## 六、心理训练法

心理训练法是采用心理学的手段对大学生进行训练的一种方法,课余体育训练中,常用的心理训练方法有以下几种。

### (一)放松训练

放松训练是指专心致志地使自己的身心放松的一种方法。它是采用一定的自我暗示的套语,即意念将注意力引导到一定的方向和范围,从而促进肌肉和大脑放松,调节植物性神经系统的机能,消除心理紧张,消除疲劳,提高人体工作能力。

### (二)念动训练

念动训练也叫内心默念或"过电影",是在思想上完成动作的过程。念动训练是以意念动作为基础,反复进行思想表象,与此同时引起神经、脉搏和肌肉系统的相应变化,从而起到训练的作用。

### (三)集中注意力训练

集中注意力训练是坚持全神贯注于某一个确定的目标,或者将被某些因素干扰的注意力重新集中起来的一种训练方法。集中注意力的训练方法很多,如集中注意力观察对方动作变化、球的飞行路线和落点;教师用轻微的声音发出指令,让大学生执行这种微弱的声音变化,可迫使大学生自觉地集中注意力,在周围嘈杂的环境下做各种方向路线变化的练习。

## 七、运动处方训练法

运动处方训练法是指医生以处方的形式规定锻炼的内容、运动量和注意事项,从而指导人们科学地从事体育锻炼的方法。运动处方有两种情况,一种是体育保健医生给大学生开运动处方,就像医生给病人开处方一样;另一种是大学生自己给自己开处方。根据大学生不同的身体状况以及锻炼目的,运动处方可分为治疗性运动处方和预防性运动处方。

运动方法的基本要素包括:第一,运动的内容。必须有针对性,确定可以治病和健身。第二,运动的次数。这里指每周的次数,最理想的是每天坚持运动,一般可以隔一天运动一次,但必须考虑大学生的具体情况。第三,运动时间。这里指每天运动多长时间要根据项目和大学生的身体状况来决定。第四,运动强度。要根据大学生的健康水平和运动能力来确定。第五,大学生身体健康状况的指标。大学生在身体运动或制定运动处方之前必须经医生进行健康检查。第六,注意事项。根据部分健康指标拟定身体运动的注意事项。

### 八、利用自然条件训练法

利用自然条件训练法是指大学生利用日光、空气、温度、水、沙、泥等自然条件,对人体有意识地施加影响的一种身体运动方法。这种方法主要是利用自然因素来促进机体的新陈代谢能力,防治某些疾病,以增强机体适应自然的能力,促进机体的生长发育等。

# 第三节　体能训练的一般方法分析

## 一、一般方法

### (一)负重练习法

负重练习法即载负重量进行锻炼,它要求大学生按一定的次数、重量、标准和动作频率去锻炼身体,增强体质。如使用杠铃、沙袋等锻炼身体和增强力量素质。

### (二)重复锻炼法

重复锻炼法是按预定内容反复进行某一锻炼的方法。如重复进行60米加速跑4~6次,每次跑后间歇1~2分钟,且每次跑的距离和速度不变,该方法主要用于发展下肢力量和速度素质。

## （三）综合锻炼法

综合锻炼法是在进行身体锻炼的过程中，为促进身体各部位的全面发展而把对身体各个部位有不同作用的几个或更多的运动项目搭配起来，形成一个可影响身体数个部位乃至全身所有部位进行运动的方法。如跳绳—俯卧撑—引体向上—双臂屈伸—多级跳远等综合锻炼法。

## （四）身体不同部位锻炼方法

### 1.头颈运动

头为人之首，常练可使大脑供血充分，有利于消除脑疲劳、增强记忆力。锻炼方法有头前屈、后屈、侧屈、回旋等。

### 2.上肢运动

锻炼方法有俯卧撑、双杠臂屈伸、单杠引体向上及持器械的各种练习。

### 3.躯干运动

锻炼方法有仰卧起坐、仰卧举腿、仰卧两头起，悬垂举腿、腰侧屈等。

### 4.下肢运动

下肢为人体支柱，应使其发达、健壮。锻炼方法有杠铃深蹲、半蹲、提踵、跳跃等。

## 二、提高身体素质的方法

### （一）发展力量素质的方法

力量是指肌肉紧张或收缩时所表现出来的一种能力。力量素质是身体素质的基础。发展力量素质应根据目的的不同而采取不同的方法。一般情况下，发展绝对力量采用重量大、组数多、次数少的方法；发展速度力量采用中重量、中次数、组数少的方法；发展小肌肉群力量和力量耐力采用重量小、组数少、次数多的方法。

### （二）发展耐力素质的方法

耐力素质是有机体长时间工作克服疲劳及疲劳后快速恢复的能力。按运动的外在表现可分为速度耐力、力量耐力和一般耐力；按所影响的器官分为心血管耐力和肌肉耐力等；按能量供应特点分为有氧耐力和无氧耐力等。练习时，应强调大学生的意志品质、呼吸深度和呼吸方法。发展有氧耐力主要是提高心肺功能，运动时间要求在 15 分钟以上（至少为 5 分钟），锻炼时负荷强度应达到所能承受最大强度的 80% 左右（心率大约在 150 次/分），经常采用持续负荷（包括连续负荷法和交替负荷法两种）方法，如选用跑步、跳绳、原地跑、球类、自行车、溜冰、划船等锻炼手段进行锻炼，锻炼时应注意逐渐增加运动强度和密度。

### (三)发展速度素质的方法

速度素质是指人体快速运动的能力。速度可分为反应速度、动作速度和移动速度，各种速度素质练习都应在体力充沛、精力饱满的情况下进行。

反应速度：即对外界刺激反应的快慢。利用信号让大学生作出相应的反应是常用的方法。

动作速度：即完成某一动作的快慢。减小难度法（顺风跑、下坡跑等）、加大难度法（跳高前的负重跳等）和时限法（按一定节拍或跟随别人较快的节奏等，以改变自己的动作节奏或速度），是常用的发展动作速度的方法。

移动速度：即单位时间内位移的距离。发展的方法有最大速度跑、加快动作频率和发展下肢爆发力量。

### (四)发展灵敏素质的方法

灵敏是指在多变的运动环境中迅速改变身体位置的能力。发展的方法有在跑跳中迅速、准确、协调地完成各种动作、各种综合练习、各种变换方向的追逐性游戏及球类活动等。

### (五)发展柔韧素质的方法

柔韧是指关节活动的幅度，肌肉、肌腱韧带等软组织的伸展能力。一般以采用静力性拉长肌肉和结缔组织的方法发展柔韧素质成效较快。静力性练习要求保持 8～10 秒，重复 8～10 次，如压、搬、劈、蹦、体前屈、转体、绕环等动作，并以身体感到酸、胀、痛为限。控制在 5～30 次之间的动力性拉伸练习（踢腿、摆腿、甩腰等），也是发展柔韧素质的方法之一。发展柔韧素质应将静力与动力、主动与被动练习相结合,坚持细水长流。

## 三、推荐简便易行的锻炼方法

### (一)步行锻炼法

步行是体育锻炼中最简便易行的锻炼方法。步行锻炼主要由步行的距离、速度决定其运动强度,大学生应根据本人的实际情况进行选择。

### (二)跑步锻炼法

跑步是一种有关肌肉群反复活动的全身有氧运动,利用跑步可以消耗体内过剩的热量,有助于减少大学生体内的脂肪和控制体重。

### (三)游泳锻炼法

游泳的锻炼价值与跑步非常相似。由于人在水中受到水的阻力和浮力以及水温的影响,其游进同样的距离,所需的能量是跑步的 4 倍之多,心率却处于较低水平,因此是一种更安全的健身方法。

### (四)跳绳锻炼法

跳绳能提高心血管系统和呼吸系统的功能,提高肌肉长时间工作的能力,同时能使人的速度、灵敏、协调性等得到加强。

### (五)有氧操锻炼法

有氧操是一种充满活力的锻炼方法,在提高心血管系统和呼吸系统的功能方面有明显作用。跳操可以使体重得到有效控制,健美身材,愉悦身心。

# 第四节  体能训练的训练原则阐述

体能训练锻炼方法虽然简单易学,可以提高大学生的身体健康水平,但想要科学地安排体育锻炼,避免伤病事故,就必须遵循体育锻炼的基本原则。

## 一、循序渐进原则

体育锻炼的循序渐进原则是指在学习体育技能和安排运动量时,要由小到大,由易到难,由简到繁,逐渐进行。大学生在进行体育锻炼时,要逐渐地增加运动量。以跑步为例,开始时可先进行散步等运动强度不大、活动量较小的练习,在心理上做好思想准备,活动 1 周或 10 天,待身体机能适应后,再进行小强度的慢跑,以后逐渐增加跑步的速度和距离。另外,大学生也要充分认识到,体育锻炼不可能在短时间内就见成效,只有坚持锻炼,才能取得理想效果。

## 二、全面发展原则

对多数大学生来说,进行体育锻炼是通过体育锻炼使整体机能全面、协调发展,所以在进行体育锻炼时,要注意活动内容的多样性和身体机能的全面提高。全面发展原则主要有两层意思:一是体育锻炼的项目要丰富多样。不同的体育锻炼项目,对身体机能的影响作用不同。选择多样化的锻炼项目有助于身体机能的全面提高。二是体育锻炼项目的多功能性。如果由于体育锻炼时间和锻炼条件的限制,无法选择较多的运动项目,那么在确定体育活动内容时,就应当选择一种能得到有效锻炼的运动形式,以保证活动项目虽然单一,但仍可对整体机能产生全面影响。

## 三、区别对待原则

体育锻炼时,还要根据大学生的年龄、性别、爱好、身体条件、职业特点、锻炼基础等不同情况做到区别对待,使体育锻炼更具有针对性。在具体执行区别对待原则时,应做到以下几点。

(一)根据年龄选择体育锻炼项目

大学生可进行对抗性强、运动较剧烈的球类运动、爬山比赛等,以增加体育锻炼的兴趣。

(二)根据性别选择体育锻炼项目

男子可进行一些体现阳刚之气的举重、拳击等体育锻炼;女子则可练习健美操、健美舞等柔韧性运动项目。

(三)根据身体情况选择体育锻炼项目

对从事康复体育锻炼的人来说,体育活动量一般不要过大,其体育锻炼的主要目的是恢复身体机能,或使身体机能不致过分下降。对于一些有特殊慢性疾病的人,要有针对性地选择适合自己疾病的体育锻炼项目。

## 四、经常性原则

经常参加体育活动,锻炼的效果才会明显、持久,所以体育锻炼要经常化。虽然短时间的锻炼也能对身体机能产生一定的影响,但一旦停止体育锻炼后,这种良好的影响作用会很快消失。一次性体育活动可以提高人体的免疫机能,增强人体的抗疾病能力,但这种作用在体育锻炼后的第二天或第三天就消失了,所以大学生要想保持旺盛的体力和精力,就必须坚持参加体育锻炼。经常参加体育锻炼应注意以下几个问题。

第一,一旦参加体育锻炼,且对身体产生了良好的影响,就应自觉地坚持下去,活动的内容和项目可以更换,但锻炼不能停止。

第二,经常参加体育锻炼,并不是说无论什么情况下都绝对不能停止锻炼,而是只要合理地安排锻炼计划,如每周锻炼 3 次,或每周锻炼 5 次等,只要不是长期地停止锻炼,就能保持锻炼效果。

第三,因气候条件不能在室外进行锻炼时,可改在室内进行,即使暂时变换锻炼内容,对锻炼效果也不会有太大影响。如因学习繁忙不能按原计划进行体育锻炼的大学生,可充分利用零散时间进行体育活动,一天进行几次短时间的体育活动同样会取得较好的健身效果。

## 五、安全性原则

从事任何形式的体育锻炼都要注意安全性,为了保证体育锻炼的安全,大学生应做到以下几点。

第一,体育锻炼前做好充分的准备活动,使各器官系统的机能进入活动状态后,再进行较剧烈的运动。

第二,体育锻炼要全身心投入,锻炼过程中不要开玩笑,这对于大学生尤为重要,有时稍不注意,就可能出现运动损伤。

第三,在进行跑步、健美操等体育锻炼时,最好不要在沥青马路和水泥地面上进行,以防出现各种劳损症状。

## 六、超负荷原则

在体育锻炼中,使身体既有一定程度的疲劳,又有一定的负荷耐受力,这种状态下的运动锻炼有利于大学生掌握体育技能,并能有效地增强体质。但身体适应某个运动量后,如长期按原来的运动量进行锻炼,身体的反应会越来越小,工作能力(体力)也只能保持在原有水平。因此,为了增强身体素质,必须在一定时间不断地加大运动量,这就是超负荷原则。

# 第三章 大学生体能训练模式探索

## 第一节 大学生体育训练新模式

随着我国教育水平的不断深化发展,我国的教育改革也在不断地进行中,高校作为教育的最高学府,也是国家进行人才培养的重要基地,因此对于高校课程的改革需要教育者认真对待。体育作为增强学生体质的健身课程,对学生的健康发展具有十分重要的地位。教育者要努力创造适合学生的教学新模式,体育课程的主要目标就是进行体育项目的训练。因此,只有探究创建新的训练模式才能促进体育在未来的发展。

### 一、优化体育教学模式

体育是一项参与性的活动,素质教育离不开体育教学的参与,它是素质教育的基本内容,学校只有把它和思想道德、科学文化等形成有机的统一体,才能体现素质教育的教学宗旨。就体育教学而言,优化体育教学模式是使体育教学重视培养学生对体育的兴趣,了解体育的功能和目的,以及体育在人才成长发展和自我完善中的重要性和必要性;使学生确立科学的学习目标和良好的学习动机,端正学习态度,从而养成自觉锻炼身体的习惯;促使学生根据自己的个性,贯彻全民健身纲要,利用在校时间学会一两种进行终身体育锻炼的方法,树立终身体育锻炼的意识,真正起到增强体质、促进学习的目的。俗话说,兴趣是一个人学习动力的来源,有了学习的兴趣,那么在进行学习时便不会感到疲劳,进而处于高效率的状态,做事情也就很顺利。兴趣要靠人们后期的培养,在进行体育锻炼时,可以培养学生的运动兴趣,当学生有了锻炼的热情之后,他们的体质会不由自主地受到影响。既可以在教学模式上做出改变,也可以对学生进行思想教育,这样的话既可以保证学生真正地进行体育锻炼,同时也可以从思想上培养锻炼的意识形态,学生会在未来的学习道路上将其作为缓解压力的手段,真正地发挥体育的特色。

体育教师要引导学生发挥自身主观能动性,了解各个专业所需要的身体素质和能力,了解实用性体育对自身的帮助,只有掌握科学的体育训练模式,才能最终将体育精神传承下去。

## 二、运动训练分析

学生的思想道德素质是全面推进素质教育的一个主要方式,对于体育竞技而言,更是如此。由于高尚的思想道德品质对于体育技能的学习是一种动力,有助于形成一个良好的学习氛围。在体育运动中,学生不仅可以加强道德教育,也能学习一些技术与战术。因而,在体育教学中要渗透思想教育,以便提升体育教学的特色,培养学生在成长中需要的坚韧品质。关于体育教学的研究有很多,对学生进行体育教学的目的也渐渐成为一种定势,即全面提高学生的身体素质。但在体育教学思想的认知上,应将其作为一门重要的学科,即高度重视健康体育,体育教学的特色全建立在健康的基础上。在日常的体育课程教学中,教师可以根据学生所选择的运动项目对其进行专项化的训练,引导学生做好运动前的热身工作、进行专项体能训练、肌肉拉伸等教学活动,通过一学期的体育课程的学习,强健了学生的体魄,学生的身体素质在一定程度上也得到了提高,这是高校体育课程设置的本质体现。对于大学生体能训练的改革可分为两个方面:一方面,教学内容是教学目标得以实现的载体。在不断适应现代社会发展需要的过程中,教学目标在不断改革和优化。另一方面,教学目标决定着教学内容的选择。首先教学内容要根据教学目标和教学任务来确定,充分体现体育教材的针对性和时效性。在课程改革中,教育部对学校的体育课程进行了细致补充,增加了部分体育项目,明确了作为大学生公共课程的重要性。这样既保证了学生在体育课上的训练热情,同时也对于高校体育的教学提出了新的要求和标准,只有在适合社会需求的教学中才能更好地将高校体育发展得更加长远。

## 三、体育训练新模式

教学内容纵向延伸。目前来说,学生的体育教学除个人体质的提升之外,还要注重掌握专业锻炼技能的基础。例如,通过体育专业性,采取针对性地练习来提高学生的身体素质,并侧重某一方面的训练,如注意力、集中力、专注力等,这在日后的职业生涯中会产生极好的耐力,更有助于学生提高以后在岗位上的专注能力,更好地适应工作需要。高校体育课程设置应该与专业产生内在的联系,应该形成"运动+专业"的组合形式,设立以人类基本活动为中心的综合性课程,让学生可以了解不同运动对未来工作的益处。

### (一)教师应多对学生进行鼓励与夸赞

大学生在校期间积极向上,这时的他们都想成为最好的自己,都想成为让教师刮目相看的好学生。所以学生会尽自己最大的努力把一些事情做到最好,做到极致,然后想要得到教师的夸赞。所以,教师要时不时地多对学生进行夸赞,这也就相当于培养学生的自信心。学生有自信后,会尽情地绽放自己,锻炼自己,提升自己。

### (二)教师应根据学生的不同特点,鼓励他们进行运动

教师应该发挥自身的作用,观察每个学生的特点,激励他们去做适合自己的运动。这样每个学生都可以在体育课堂上展示自己的强项,这样有助于学生自信心的建立,进而会对学生的体育锻炼有所帮助。

### (三)教师应采取奖励制度激励学生做好体育锻炼

学生在体育课堂上一次良好的表现就值得教师夸赞,值得被表扬。教师对学生的一句肯定的话语就会在学生心中荡起一阵阵涟漪。采取奖励制度激励学生,有益于学生积极性的提高。当然有了奖励制度,也要有惩罚制度。然而这种惩罚不同于那种体罚,而是用一种比较轻松愉快的

语气指出学生所犯的错误,或者做得不太理想的地方,然后指导学生去改正。学生面对这种情况,会在心中激起自己的斗志,然后不断地鞭策自己,争取做到最好。

(四)教师应在布置课堂训练任务时激励学生

在体育课堂上,教师在给学生布置任务时,应给学生创造一个比较轻松的氛围环境,这非常重要。如教师可以用朋友的口吻问,今天的知识有些难,大家都学会了吗?大家都掌握了吗?这样说,不仅会让学生很乐意去完成任务,而且还可以让那些完成这项任务很困难的学生和其他学生交流,进而成功地完成这项任务。可见,激励的语气在教学中发挥了很重要的作用。

高校体育要在教学实践过程中加强体育教师对体育课程的研究,结合经验所得,有针对性地对学生进行体育能力教育,满足学生发展的需要。要结合《体育与健康课程标准》的目标体系,将加强学生身体素质,加强高校体育创新,加强改革教育课程,全面贯彻落实"以人为本"的观念作为重中之重。开展新的体育教学模式对于我国大学生的发展来说是一种支出保证,我国高校的体育训练也需要进行改革,这就要求高校体育教师在课前制定训练计时,要做好新的教学方案,努力提高学生的学习热情,尽可能地帮助学生产生对运动训练的兴趣,这样才能提高学生的课程水平,提升教师的教学质量。

# 第二节 体育教学引入拓展训练模式

所谓拓展训练模式,又被称为拓展运动、外展训练。在英文翻译中,它的意思是说,一叶扁舟开始离开安宁的港湾,依然行驶于未知的海域,不断在其中接受前所未有的挑战。因此,在训练中,拓展的目的就是能够以不断提高训练者的体魄与体能,不断主动的接受户外挑战以提升自己。近些年来,拓展训练模式不断应用于高校课程中,尤其是体育课程。

## 一、拓展训练模式的应用意义

### (一)培养高校学生强大的心理素质

心理学家认为,人在受到一定的打击后所展现出来的自我修复与自我适应能力即自己的心理素质,拥有强大心理素质的人,注定能够不断接受好与坏的结果,并不断成长。显然,在拓展训练中,许多训练项目正是能够培养训练者的心理素质,提高其强大的抗压能力,更好地在这个社会中得以发展、逆流而上的顽强拼搏精神,这正是高校体育教学所带来的重点目的所在。

### (二)培养高校学生的团队协作意识

在体育运动中,不断提高与队伍的融洽度,同时以友谊精神、团队协作、公平竞争意识去取得每一次体育竞争的胜利正是现代奥林匹克精神所提倡的。尤其就团队协作而言,拓展训练模式的运动项目最为看重的就是训练者的团队协作精神。因此,在该训练模式中,只有培养高校学生的团队协作意识,才能够更好地去发扬现代奥林匹克精神。

## 二、拓展训练模式应用于高校体育教学的策略

### (一)在思维理念中融入拓展训练模式

对于现代教育来讲,突出学生的主体性地位,教师转变为辅助地位,已经成为现代教育的大趋势,而在体育教学中,拓展训练模式正是能够符合现代教育的基本目的。在体育教学的思维理念中,教师要积极转变传统的生硬式教学模式,不断在训练模式中使每一位学生积极参加,同时在其中获得十分显著的参与感与挑战感,尤其是在团队协作中注重培养学生的团队协作意识,不断在体育教学中摆脱原有的思维理念,更好地将体育教学与拓展训练进行融合。

### (二)在教学环节中融入拓展训练模式

在传统体育教学中,教学环节通常分为三个阶段:第一阶段为准备阶

段,第二阶段为活动阶段,第三阶段为结束阶段。在这三个阶段环节的开展中,不断以符合人体体能活动发展的特点进行设计,而在拓展训练模式中,不仅能够在这三个阶段中有所应用,同时还增设其他环节,如趣味游戏环节与竞争环节,在这些环节的开展中,能够不断提高学生在体育教学中的积极性,同时激发学生之间的热情。因此,在体育教学环节中应用拓展训练模式,就需要教师能够拥有优异的业务水平,注重每一道环节的教学设计。

### (三)在目标管理中融入拓展训练模式

在高校体育教学中,积极引入拓展训练模式,不仅能够进一步激发学生的学习兴趣,同时注重培养学生的奥林匹克精神,不断在其中真正以"团结、合作、友谊、公正"的理念发展体育、学习体育,在某种程度上为现代体育提供了十分丰富的教学理论与教学应用效果。

# 第三节　体育教学与运动训练互动模式

"少年强,则国强",这里的"少年强"是指青少年必须具备知识、能力、健康的身体去守卫国家,发展国家。高校体育应当通过体育教学与运动训练的互动模式,使青少年养成锻炼身体的好习惯,从而实现共同发展才能达到双赢的效果。

## 一、体育教学与运动训练互动模式的构建路径

### (一)高校应当对体育设施进行全面的建设

体育教学在教学任务中是很重要的一部分,体育教学的质量直接影响一所高校的整个教学活动的开展,同时一所学校的发展也离不开体育活动的开展。我国很注重青少年的全面发展,而青少年也处于身体成长阶段,所以高校应当重视起来。为了青少年的全面发展,应当从体育设施方面开始建设。而体育设施的建设也需要大量的资金,学校可以通过国家的资金支持,同时也可与社会相关体育企业进行合作。与此同时,还可

以为体育企业输送优秀的体育人才。

学校体育设施的建设当然也需要政府的支持,政府不但要支持还要监督学校是否将资金投入体育建设之中,同时还要杜绝学校在体育设施上乱收费。

### (二)体育教学应当与运动训练相结合

虽然二者的方式不一样,但是在实施过程中缺一不可。体育教学是给学生传授理论知识,让他们了解体育训练的重要性以及体育项目方面的相关知识;而体育训练应当坚持理论与实践相结合。因为实践要通过理论来指导,理论要通过实践来实现,只有二者相结合才能达到好的效益,才能更好地发展体育精神。运动训练可以通过开设篮球、足球、排球、健美操等项目对学生进行体能训练。同时学校应当增加体育方面的师资力量和严格要求学生的运动训练时间。可以通过学分来要求学生,这样既可对他们起到监督的作用,同时还可以严格要求学生养成体育锻炼的好习惯。

### (三)增强学生的体育运动意识

一切为了学生,那么应当如何提升学生的身体素质已变得极为重要。首要的是应加强学生的体育运动意识。首先学校应当为学生制订一个完善的体育课程教学计划。教师在培养学生素质的过程中,要善于创新,通过新颖的方式激发学生积极主动地参与进来。教师应秉着对学生的健康发展负责的态度,用合理、高效、健康、鼓励的方式引导学生树立正确的体育观念,促使学生养成一个良好的体育锻炼的好习惯。学校可以通过举办运动会、社团活动得奖励的方式增强学生参加体育锻炼的意识。

## 二、体育教学同运动训练互动发展

体育教学同运动训练互动发展的前提条件需要建立互动发展的理念。随着社会对青少年的发展要求,强壮的身体是步入社会的前提条件。高校应当在教师和学生中建立互动发展的理念。首先,教师对于学生来说是执行者、实施者和组织者,教师的一举一动能够对学生产生影响,所以教师只有掌握二者互动发展的理念才能更好地带领学生。其次,高校是围绕学生开展的教学计划,学生占主导地位,所以要培养学生的体育运动理念,让他们明白二者之间的关系。学会把二者结合起来共同发展继承体育精神。

综上所述,高校对青少年的培养过程中,既要注重学生的文化教育,也要重视学生的身体素质的训练。通过体育教学和运动训练的互动模式来增强青少年对体育运动的积极性,同时高校应该采取科学、合理的教学手段促进学生的全面发展,使学生的身体素质和学习能力得到提升。最终,全面推动体育教学和运动训练模式,使高校体育教学的水平得到了提高。

# 第四节　课余体育训练社会化模式

随着时代的发展和进步,高校的教育也呈现出更加社会化的发展趋势,自 2008 年奥运会在我国顺利举行后,竞技体育在我国得到了迅速发展,进而促进了我国的体育教育事业的形成和推进。但是,必须清楚地认识到,国家对高校的体育教育资金投入是有限的,因此高校必须依靠社会力量进行补充,以社会力量促进课余体育训练的发展。事实和实践证明,课余体育训练朝着社会化的模式发展是可行的且意义非凡的。

## 一、高校课余体育训练社会化模式的形成

随着经济社会的不断发展,社会赋予高校课余体育训练更多功能的同时,也提出了更高要求。为了更好地促进高校课余体育训练的发展,提高课余体育训练效率,社会化的发展模式这一理念被提出,这为培养大量的复合型体育人才指明了方向。

## 二、高校课余体育训练社会化模式的实践意义

### (一)有利于学校体育训练设施的完善

在高校中推行社会化模式的课余体育训练,为了更加适应社会化模式发展的需求,高校不得不加强自身现代体育设施的扩建,部分高校吸引

了大量社会资金的投入,比如一些大型企业的赞助保障了学校各种体育训练基础设施的完备,方便了学生的课余体育训练。

### (二)有利于提高学校的体育训练水平

事实上,学校课余体育训练的目的不仅仅是为了锻炼学生的身体,还肩负着培养体育人才的重任。因此,高校不仅要有较好的体育设施基础,还要有与之相配套的软件设施(也就是相应的体育师资力量),才能真正提高学校课余体育训练效率。所以说,学校课余体育训练走社会化的发展模式有利于提高学校的体育训练水平。

### (三)有利于培养更多优秀的体育人才

我国一直以来都在朝着素质教育的方向不断努力,高校开展课余体育训练既丰富了学生的学习生活,又提高了学生的身体素质,锻炼了学生吃苦耐劳的品质,为我国培养了优秀的人才。同时,在课余体育训练活动中,也间接地为我国培养了一些优秀的体育人才,这在一定程度上促进了我国体育事业的发展。

## 三、高校学校课余体育训练社会化模式的开展现状分析

高校课余体育训练实行社会化模式以来取得的成绩有目共睹。如高校的竞技运动水平得到了大幅度的提高,高校的体育工作得到了全面的开展,这在一定程度上提高了高校的声誉,扩大了高校与外界的交流,极大地丰富了校园文化。

## 四、高校课余体育训练社会化模式的发展策略

### (一)积极寻找企业赞助,建立稳定的校企合作关系

纵观世界各国的重大体育盛事,不难发现,这些运动赛事都离不开商业支持和企业冠名。这很好地把企业这个社会资源引入到体育运动当中,使企业为体育事业做出了不少的贡献。在高校中,要想促进课余体育训练社会化模式迅速发挥作用,也可以借鉴这一方法。这就要求高校领导应善于抓住机遇,引导学校体育课余训练走向社会化发展的模式,积极利用自身的品牌效应和人力资源吸引更多的社会资源,用体育活动的冠

名权满足企业宣传自身的要求,进而引入企业的资金支持,提升高校的体育训练条件。事实上,通过这样的方式建立起稳定的校企合作关系是一种"双赢",既促进了大学生体育训练效率的提高,又带动了企业自身的发展。

## (二)加强与其他学校的交流,建立和谐的协作关系

在推进高校课余体育训练社会化的发展过程中,必须坚持走整体发展的道路,也就是要加强同地区甚至跨地区的高校之间的交流合作,以整合教育资源,达到优势互补。高校通过与周边其他学校之间的联合,能够取得扬长避短的优势。比如,如果自身的校园面积有限,在建设室内篮球馆的时候可能会受到影响,此时就可以与相邻的高校协商共同建设并共同使用,这样不仅可以集中优势发挥各自学校的长处,又可以加强高校之间的沟通交流。除此之外,在日常课余体育训练活动中,也可以组织两校或多校进行友谊比赛,交流训练的心得,共同探索提高训练效率的策略,共同促进我国体育事业的进步。

## (三)加强与周边社区的合作,建立现代化的体育俱乐部

随着人们生活方式的转变,越来越多的人开始注重自身的身体健康,开始养生、健身,这为高校课余体育训练社会化模式的发展提供了便利。高校可以与周边社区等建立互助合作的关系,共同建立体育俱乐部等,利用现有的教师资源,对社区人员进行指导锻炼,同时也满足了自身的教学需求和学生的训练需求。毋庸置疑,高校要真正实现课余体育训练社会化发展模式,就必须面向社会,为社会服务。因为社会的资源始终比高校多,高校要想在有限的资源环境下提高体育训练的效率,就必须加强与外界的合作。值得注意的是,高校还应当对社会有所回报。比如高校的体育设施可以对外开放;也可以邀请校外企业冠名支持;可以与社区合作,开展各种与体育知识相关的系列讲座,从而共同推进高校业余体育训练社会化模式的深入开展。

## (四)聘请优秀的体育教练,建立社会体育辅导员队伍

高校要想培养更多的体育人才,还离不开素质过硬的体育教练。对此,高校可以聘请一些社会上或者体育界的专家或运动员,将他们补充到

自身的教师队伍当中,切实提高学生的训练质量。之所以强调要聘请专业水平较高的教练,是因为体育训练本身的专业性较强,需要有专业人士进行科学的指导,如果一味地沿用普通体育教师的训练方法,可能很难达到较好的成效。因此,高校可以结合自身的实际情况,积极挖掘社会上的优秀体育教练,建立一支社会体育辅导员队伍,为学生的体育训练提供更好的发展空间。

总之,学校课余体育训练实行社会化模式是一种必然趋势。高校应予以重视,并在抓好教体结合的同时,采取各种方式将学校课余体育训练逐渐推向社会,更加注重与社会的联系,争取企业各种形式的资助,相互支持,共享资源,这样才能为我国培养更多高素质的体育后备人才。

# 第五节  体育场馆经营管理模式

高校体育场馆是为了满足学校师生的体育教学、运动训练、运动竞赛以及日常的体育活动建设的体育场馆,随着高校的日益社会化,高校体育场馆的功能也逐渐多样化,在高校体育场馆作用不断增加的同时,其经营管理等一系列问题也亟待解决。

## 一、高校体育场馆经营管理基本模式

经营管理模式是企业或组织经营管理的方法论,是在企业或组织内,为使生产、劳动力、财务等各种业务,能够按照经营目的顺利地执行、有效地调整而进行的系列管理、运营活动的方法。目前总体来说,我国公共场馆的管理模式主要包括两种:即行政管理模式和经营管理模式。这两种管理模式的区别主要是行政型管理模式的经费来源是由国家统一下拨,而经营型管理的经费来源是多元化的;行政管理模式的业务活动由上级下达,经营管理模式是完成任务后可多种经营;行政管理模式的分配方式是固定工资和福利,而经营型管理模式的分配方式是工资加奖金等。

当前,我国高校体育场馆经营管理主要采用行政管理模式,其主要目的是满足学校师生教学、训练、竞赛的需要。高校体育场馆经营管理在行政管理模式下又主要分为体育部门管理模式、物业化管理模式、单位协作管理模式等多种方式。体育部门管理模式能够充分发挥体育部门自身的特点和专业优势,最大程度地满足部门教师的体育教学、运动队的专业训练以及学生的课外体育活动。

高校成立专门的体育场馆管理部门,实行专职人员负责制。这种管理机制同样首先把满足学校教学训练放在首位,然后适当地对外有偿开放。

单位协作管理模式也称混合式管理模式。这种管理模式是体育部门与物业共同管理高校体育场馆的一种模式。除了上述三种场馆管理模式之外,有些高校也采用集体承包或者是个人承包的方式等,学校与承包方就体育教学与经营创收之间的问题进行协商沟通,达到双赢的效果。

## 二、高校体育场馆经营管理模式优化对策

### (一)整编体育场馆经营管理策略,进行理论创新

体育场馆经营管理模式应与体育场馆的作用相一致。高校体育场馆在满足学校师生正常的教学、活动之外,也应积极对外开放,满足社会成员需求,这应该是高校体育场馆作为公共体育设施的一种基本功能。另外,高校体育场馆经营管理需要更为先进的理念,应该解放思想,不断进行理念创新。

### (二)增强经营管理培训,提高体育场馆工作人员的自身素养

高校体育场馆的经营管理应该立足于科学规范的管理,其中最主要的工作是对场馆管理人员的管理,管理人员自身的道德修养和业务水平将直接影响体育场馆经营管理的好坏。基于此高校体育场馆的管理应该寻求一批能够兼容体育与管理的全方位的人才,采用专业的管理模式,确保高校体育场馆的正常运转。

### (三)改善体育场馆的管理制度,加强制度执行的有效性

高校体育场馆中的管理制度应该根据自身的基本情况,依托体育法规制度,使得学校的体育场馆管理向着规范的方向发展,结合学校的各个部门的具体情况进行多角度的考虑,多层次的分析,形成综合的管理制

度,以便更好地对体育场馆进行经营管理。

### (四)确定合适的收费标准,制订可行的开放计划

因为高校体育场馆的特殊性,决定了高校体育场馆的经营管理与社会中的商业经营存在很大的差别。高校体育场馆在对外开放时应该考虑自身场地的基本情况,本地区的经济发展状况和面向社会群体成员的经济承受能力等各方面的因素进行合理的经营管理。收费的标准应该根据本地区经济发展的规律,制订可行的开放计划。

### (五)必须以长远的观点来经营管理,走可持续发展的道路

在体育场馆满足了学校正常的教学、训练、比赛的前提下,努力创造更好的经济收益,做到"以馆养馆,以场养场"的同时还应创造更多的经济效益和社会效益,促进高校体育事业的可持续发展,为学校的整体发展服务。

高校体育场馆资源丰富,但是现在大多数的体育场馆经营管理模式存在一定的问题。为了能够充分地利用高校体育场馆,现行体育场馆管理模式亟待解决。普通高校体育场馆的管理模式多种多样,不同学校在选择何种模式来经营管理体育场馆时,应该从体育体制、本地区的特点、学校的特点和场馆自身的特点选择合适的体育场馆经营管理模式。从实情出发,找到符合规律、又尊重体育规律的管理模式,以求最大限度地充分发挥体育场馆的效用。

# 第四章 力量训练在体能训练中的实践探究

体能训练中的力量训练是指身体克服阻力以达到强健肌肉的目的。用杠铃或哑铃做力量训练很常见,但日常生活中其实很多徒手活动都可以是力量训练。很多人认为力量训练是健美运动员才需要的,而且担心力量训练会使四肢显得太粗壮。其实对于一般人来讲,力量训练也是必不可少的。它不但不会让腿或胳膊变粗,而会因为脂肪的减少,使身材变得更苗条。所以,体能训练中力量训练是必不可少的。

在日常训练中,如何进行科学训练也牵动着教练员的神经。作为力量训练,要思索很多的问题。例如,有专家称所有的训练难题就是"练什么""怎么练"。那么,作为健身行业的力量训练同样存在着这样的问题。说到力量训练,人们脑海中马上就会出现运动员深蹲"杠铃"的样子,但是,力量训练不仅仅是杠铃,还有很多内容。杠铃只是力量训练的一部分,至少还有许多其他的训练方法。因为由于项目所属项群的不同,力量训练的方法和手段也有很大的不同,这就是要研究的力量训练的理论与实践。

## 第一节 力量训练的作用

### 一、延缓衰老

研究表明,不经常参加体育锻炼的人在 20～25 岁达到最大肌肉力量,以后每十年将会损失 10% 左右的肌肉重量和肌肉力量。到了 60 岁以后,力量的损失会更加迅速。随着年龄的增长,不仅运动能力大幅度下降,就连应付日常生活都会困难重重,如搬行李、上厕所等。肌肉力量下降的另一个重要表现是行动迟缓,走路变慢,步子迈得越来越小。增加肌肉重量和力量的唯一办法就是力量训练,常参加力量训练的人可以把最佳状态保持到 60 岁以上。

## 二、减少肥胖

肥胖是由于身体脂肪过度堆积而造成的,根本原因是长期的饮食中的热量高于身体耗费的热量。另外,新陈代谢降低,体育锻炼不足和长期饮食过度都是导致肥胖的诱因。而增加肌肉重量能够帮助提高新陈代谢,减少脂肪。即使不运动,每 1 公斤肌肉每天都要消耗 75~110 卡路里的热量。每增加 1 公斤肌肉,其消耗的热量等于一年内减少 3~5 公斤的脂肪。而且肌肉力量的增加可以使人们的身体锻炼更上一层楼,更有效地消耗身体脂肪。

## 三、减少损伤和疼痛

现代人的生活越来越趋向坐式生活方式,工作学习都需要颈部和腰部肌肉的长时间工作。如果没有进行颈、背部肌肉的训练,肌肉力量的不足和退化就会造成肌肉劳损和身体形态改变。正确的力量训练可以使重要部位的力量增强,改善身体形态,增加柔韧性。

## 四、美化身体、改进姿态

照镜子的时候,如果身体站直一些,肩膀往外展,往后收腹,就会发现这样的姿态更好。力量训练可以帮助人们加强背部肌肉的力量,伸展胸部和肩部,加强腹肌,这样在任何时候都易于保持一个良好的体态,显得更加健康、自信。同时,力量训练可以帮助人们的身体达到左右平衡,许多人左边的力量小于右边,肢体也是左边比右边细小。这样的不平衡,不仅不美观,而且还会给脊柱造成压力。平衡练习和力量训练可以改善身体的不平衡。

### 五、消耗更多的热量

力量训练会促进身体肌肉和骨骼的增加,即使已停止锻炼,能量消耗还会继续,以便身体生成新的肌肉组织。通过力量训练,身体已经变成一个消耗热量和脂肪的高效能机器,如果是想要减少脂肪,以达到健美的目标,那就必须进行必要的力量训练。

### 六、增加骨密度,减少骨质疏松、关节病以及其他相关疾病

很多中老年人,特别是女性,受到骨质疏松疾病的困扰。如果能从青年时期起就加强力量训练,那么骨骼就会不断得到刺激,骨质也会自然得到增强。

# 第二节 力量训练前的准备工作

首先要确定参与力量训练的主要肌群,并确定练习的顺序。一般先进行大肌肉群力量练习,再进行小肌肉群力量练习。顺序安排如下:一是腹部肌群,从这里开始进行部分准备活动。二是大腿前部肌群,它是最大的肌群。三是胸部肌群,它们是完成上肢支撑动作的主要肌群。四是背部肌群。五是肩部肌群,它们是完成上肢支撑和提拉动作的主要肌群。六是肱二头肌群,它是上肢屈肘动作的主要肌群。七是肱三头肌群,人体最小的肌群。

一般把力量练习分为两大类,第一类是辅助性练习,包括拉伸练习和身体核心部位稳定性力量练习;第二类是专门练习,主要是杠铃练习。

伸展练习是力量训练过程的重要组成部分,它们的功能主要体现在它对运动员身体功能的改善、强化力量训练的效果和促进恢复。可以概括为以下几个方面:一是保障人体基本动作行为的功能。二是强化力量训练效果和促进恢复。三是保持良好体态和基本姿势。四是防止各种软

组织损伤,预防肌肉紧张。五是力量训练的热身和整理活动的主要内容。

伸展练习分为两个阶段:一是轻松伸展阶段:感觉到轻微的肌肉张力和拉紧坚持 5～30 秒。二是深度伸展阶段:在轻松伸展以后继续加大动作幅度,再次感到肌肉张力紧张坚持 5～30 秒。这是一种提高柔韧性和使肌肉为各种力量练习做好准备的很好方式。伸展练习要把握以下原则:受控的缓慢伸展、禁止震荡动作、缓慢有节奏的呼吸、不要憋气、不出现疼痛现象。

# 第三节　静力拉伸类练习

静力性拉伸练习是指通过缓慢的动力拉伸,将肌肉、肌腱、韧带等软组织拉长,当拉长到一定程度时静止不动,使这些软组织受到拉长的持续刺激。力量训练中的常用的静力练习有以下分类。

## 一、提放双肩

目的:牵拉肩上部。

牵拉肌群:斜方肌上部,肩胛提肌,冈上肌,冈下肌。

方法:向耳朵方向耸提双肩,直到颈和双肩感到轻微紧张。

要求:练习中默念"双肩提起、双肩下垂",提起 5 秒后双肩尽量放松下垂。

技巧:肩部上提后适度紧张,下放后放松。

## 二、向内拉肩

目的:牵拉肩后部、肩外侧和上臂后侧。

牵拉肌群:三角肌后部,小圆肌,大圆肌等。

方法:抬起一只臂肘关节至肩部高低,屈肘与另一只臂交叉。

要求:动作幅度尽量大,动作至最大限度时保持对抗静力收缩 5 秒。

### 三、向上拉肩

目的:牵拉肩下部、躯干外侧和上臂后侧。

牵拉肌群:肱三头肌,冈下肌,小圆肌,三角肌后部,背阔肌等。

方法:抬起一侧肘关节,另一只手在头后抓住肘关节向一侧拉伸,上体并向拉伸一侧倾斜,保持10秒换手。

要求:缓慢拉伸,避免受伤。

### 四、转头拉肩

目的:牵拉肩上部、胸部、颈部、上臂前侧。

牵拉肌群:三角肌前部,胸大肌等。

方法:左臂侧平举与肩同高,左手顶住墙,右臂放胸前贴在墙壁上,头向左后转,左肩贴住墙,眼睛往右手方向看,5秒后换方向。

要求:重要的是感受到肩部牵拉,不是动作幅度。

### 五、双手交叉上顶

目的:牵拉肩下部、躯干外侧、上臂后侧和前臂。

牵拉肌群:肱三头肌,部分前锯肌,背阔肌等。

方法:双手在头上方手指交叉,掌心向上,双臂向后上方伸展上顶,保持15秒。

要求:重要的是感受到肩部牵拉,不是动作幅度。

### 六、双手扶腰前推

目的:牵拉肩上部、胸部、腰部。

牵拉肌群:前锯肌,胸大肌,腹肌,髂腰肌等。

方法:站立双膝微曲,双手在髋部以上部位扶腰,手指向下,向前轻推手掌,伸展腰部,拉伸肩部,保持10秒。

要求:动作缓慢,逐渐加大幅度。

## 七、双手叉腰转体

目的:牵拉上体、腰部和髋部肌群。

牵拉肌肉:腹内斜肌、腹直肌、腹外斜肌、腰方肌、髂腰肌。

方法:两脚比肩宽,双手在髋部以上部位叉腰,转体同时头向后转,眼睛向后看,保持10秒。

## 八、顶墙送髋

目的:牵拉小腿后部肌群。

牵拉肌群:腘绳肌,腓肠肌,比目鱼肌等。

方法:面对墙或肋木架双脚相距50厘米前后开立,身体向墙倾斜,后脚正对墙,脚跟贴在地面,缓慢向前送髋,后背伸直,牵拉小腿,15秒换腿。

## 九、扶墙上拉脚

目的:牵拉大腿和小腿前部肌群。

牵拉肌群:股四头肌(股内侧肌、股外侧肌、股直肌、股中间肌),胫骨前肌等。

方法:左腿支撑身体站立,右手扶墙,左手向臀部拉右脚;右腿屈膝,脚跟靠近臀部,保持15秒,要求动作幅度尽量大。

## 十、下蹲牵拉下肢

目的:牵拉膝部、背部、踝部、跟腱肌群。

方法:从站立姿势开始,下蹲,双脚脚尖向外各15度,双脚脚跟间距25～30厘米,双膝在双肩外侧,在脚趾上方,保持轻松牵拉15秒。

## 十一、弓箭步压髋

目的:拉伸髋前部、大腿前部和后部肌群。

牵拉肌群:后腿的伸髋肌群中的臀中肌和臀小肌阔筋膜张肌,大腿前部的耻骨肌,短收肌、长收肌、缝匠肌等;前腿的股后肌群,臀大肌、大收肌、股二头肌等。

方法:弓箭步站立,前腿膝关节 90 度,屈膝降低重心,直到前腿膝关节移动到踝关节上面,后腿的膝盖触地,要求动作幅度尽量大。

提示:后腿的膝盖要触地。

## 十二、坐立牵拉下肢

目的:牵拉腹股沟和腰部。

牵拉肌群:耻骨肌,股薄肌,半腱肌,长收肌;腰方肌,腰外斜肌,梨状肌,髂腰肌等。

方法:坐在地面,双脚体前屈展开,脚板相对,双手握住脚尖往腹股沟方向拉,上体直背前倾,双手按膝下压,肘关节朝外,保持 20 秒。

## 十三、仰卧前拉头

目的:牵拉背部和颈部。

牵拉肌群:肩胛提肌,斜方肌上部,菱形肌,冈上肌。

方法:屈膝仰卧,双手在头后耳朵高度交叉抱头,呼气,向胸部方向拉头部,直到背部和颈部有牵拉感觉保持 5 秒。

## 十四、卧转压腿

目的:拉伸髋关节,腰部、大腿后部肌群。

牵拉肌群:腰方肌,骨后肌群。

方法:仰卧双腿伸展,左臂侧平伸贴在地面,然后左腿屈膝 90 度,用右手横向向右、向下拉左膝外侧,直到贴近地面,感觉到腹部、腰部和髋部外侧有拉伸感觉,保持 20 秒。

## 十五、仰卧屈膝

目的:牵拉臀部、腰部、大腿后部肌群。

方法:仰卧,屈膝抬起一条腿,双手在膝关节后前抱住小腿向胸部拉,固定骨盆呈水平姿势,保持 15 秒,保持腰部伸直。

## 十六、仰卧提腿

目的:牵拉大腿后部肌群。

方法:仰卧,直膝抬起一条腿与地面成 90 度,腰部贴在地面,牵拉到感觉舒适的姿势,保持 15 秒,可以用手或毛巾辅助牵拉。

## 十七、跪压肩

目的:牵拉肩部、臂部、背部、腰部肌肉和关节。

方法:跪在地面支撑身体,双手向前伸,然后直臂拉回双手,手掌轻压地面。

## 十八、跪撑下压腕

目的:拉伸前臂和腕部。

方法:跪在地面支撑身体,双膝和双臂直臂撑地,双手间距与肩同宽,拇指向外,其余手指向后。

# 第四节　伸展练习的方法

PNF 是神经—肌肉本体促进,这种拉伸是一种由练习者和同伴互相配合,在与力量训练结合的过程中,通过一系列的主动和被动的动力、静力性拉伸步骤,能够避免被拉伸肌肉牵张反射现象的发生和获得更大拉伸效果的训练方法类型。

拉伸背部肌群三个步骤:

第一,练习者分腿坐立,双腿的膝关节伸直,踝关节成 90 度,同伴帮助推压背部至有轻微疼痛感,保持 10 秒,而后放松片刻。

第二,练习者静力收缩背部肌群,上提背部对抗同伴的下推力,保持

6秒,而后放松片刻。

第三,练习者放松背部肌群用力收缩腹部肌群尽力使躯干贴在地板上,同伴继续下推背部,保持6秒,稍后放松。

拉伸练习总结:

在力量训练的各个阶段都要有一定数量的相应的拉伸练习包括静力拉伸和神经—肌肉本体促进拉伸。

拉伸练习与力量训练适度结合,可在准备活动和放松活动选择使用或者是身体练习时使用。

# 第五节　身体核心部位稳定性力量练习

人体双肩和双髋关节之间的躯干和骨盆区域被称为"核心"部位,从生物力学角度分析,人体的重心一般位于这个区域,是人体环节动作链的最基本环节,同时为人体各种肢体动作提供了稳定的支撑和附着点,直接影响着人体各种技能性身体动作的质量。从动作神经控制的机制来说,这个区域的肌群的神经—肌肉系统也往往是在人体完成各种反射性和随意性肢体动作过程中首先被激活的部分,也是人体动作程序最早发生效应的"受动"环节。从运动医学的观点讲,人体骨连接最精致和神经系统最脆弱的部分——脊柱和脊髓也位于这个区域,这个部位运动系统中骨骼、肌肉的解剖结构和功能业余四肢有显著的区别,大都起到支持、保护、稳定的作用,需要引起高度的关注。无论是从提高运动技术的动作的质量,还是保护运动员安全健康的角度,积极强化人体核心部位功能、提高动作控制和基本身体平衡能力的练习,都是力量训练中的"固本强基"的重要工作。核心部位稳定性练习分为三部分:基础练习、高级练习、平衡练习。

## 一、身体核心部位稳定性力量基础练习

该部分练习大多数是静力性练习,当然也可以把他们重复进行作为

动力性练习,练习性质则更加偏向于动力性力量。

## (一)仰卧屈膝提腿

目的:加固腹部深层肌群,提高腰部和骨盆的控制能力。

方法:仰卧、屈膝,双脚平放地面,固定腹部,抬起一条腿离地面15～30厘米,身体固定,双臂伸直离开地面,举过头顶,保持30秒。

## (二)仰卧直膝提腿

目的:加固腹部深层肌群,提高腰部和骨盆的控制能力。

方法:仰卧、屈膝,双脚平放地面,固定腹部,一条腿伸直竖起离地面15～30厘米,身体固定,双臂伸直离开地面,举过头顶,保持30秒。

## (三)俯撑腿臂平伸

目的:加固躯干深层肌群,提高腰部伸展和骨盆伸髋肌群的控制能力。

方法:俯姿,双臂伸直撑地,固定腹部,同时水平前伸右臂和后伸左腿;身体固定,水平前伸的右臂和后伸的右腿与躯干成为一线,平行于地面,保持20秒,四肢交替练习。

## (四)俯姿平撑

目的:加固躯干深层肌群,提高腹部、背部、臀部肌群控制能力。

方法:俯卧,双臂屈肘90度支撑身体,双腿伸直并拢脚尖撑地,保持20～30秒。

## (五)俯姿平撑提腿

目的:加固躯干深层肌群,提高腰部伸展和骨盆伸髋肌群的控制能力。

方法:俯卧,双腿伸直并拢用脚尖撑地,直体固定腹背部,提起一条腿,保持15秒。

## (六)俯卧撑桥

目的:加固躯干深层肌群,提高腰部伸展和骨盆臀部肌群的控制能力。

方法:俯卧,双臂屈肘90度支撑身体,双腿微屈膝并拢用脚尖撑地,身体成桥形保持 15 秒。

### (七)仰姿撑桥

目的:加固躯干深层肌群,提高腹、背部和臀部大腿后部肌群控制能力。

方法:仰卧,双臂在体侧伸直,双手掌心向上支撑身体,双腿屈膝并拢用脚撑地,身体成桥形保持 15 秒。

### (八)仰姿臂撑提腿

目的:加固躯干深层肌群,提高腹、背部和臀部大腿后部肌群控制能力。

方法:仰卧,双臂屈肘支撑身体,双腿伸直并拢用脚撑地,提起髋部离地,身体成直体姿势,再提起一条腿,膝关节伸直固定,保持 5～20 秒。

### (九)侧姿臂撑

目的:加固躯干深层肌群,提高骨盆、髋部和大腿外侧肌群的控制能力。

方法:侧卧,单臂屈肘支撑身体,另一只臂屈肘侧举双腿伸直并拢用一只脚撑地,提起髋部离地,身体成直体姿势,膝关节伸直固定,保持 20～30 秒。

### (十)侧姿臂撑提腿

目的:加固躯干深层肌群,提高骨盆、髋部和大腿外侧肌群的控制能力。

方法:侧卧,单臂屈肘支撑身体,另一只臂屈肘侧举双腿伸直并拢用一只脚撑地,提起髋部离地,身体成直体姿势,再提起一条腿,膝关节伸直固定,保持 20～30 秒。

### (十一)侧卧香蕉姿势两头起

目的:加固躯干两侧深层肌群,提高骨盆、髋部和大腿内、外侧肌群的控制能力。

方法:侧卧,双臂伸直,双手于头上合拢,双腿伸直并拢,提起双腿和双臂离地,身体呈香蕉姿势,固定膝关节,保持 20～30 秒。

## 二、核心部位稳定性力量之高级练习

身体核心部位稳定性力量练习多数也是静力性练习。如果把它们重复进行作为动力练习,练习性质则同样更加偏重于发展动力性力量。

### (一)瑞士球单腿离地

目的:加固骨盆和腰部深层肌群、提高髋部和大腿前后肌群的控制能力。

方法:双脚于双髋间距直体坐在瑞士球上,单腿离地,脚离地约 5 厘米,固定膝关节,双臂伸直下垂与体侧,双腿交替练习,每侧保持 20～30 秒。

### (二)坐瑞士球踏步走

目的:加固骨盆和腰部深层肌群,提高髋部和大腿前后肌群的控制能力。

方法:双脚于双髋间距直体坐在瑞士球上,进行踏步走动作,双臂伸直,上摆于头上时一臂侧平举,前臂与地面垂直,双腿踏步走动作时,脚离地约 5 厘米,固定膝关节。下垂与体侧,双腿交替练习,每侧保持 20～30 秒。

### (三)仰卧瑞士球体前屈

目的:加固骨盆、腹部和肩部深层肌群,提高髋部和大腿前后肌群的控制能力。

方法:双脚与双髋间距,躯干仰卧于瑞士球上;双臂屈肘头后交叉,形成体前屈姿势,保持 30 秒。

### (四)仰卧瑞士球持实心球体前屈

目的:加固骨盆、腹部和肩部深层肌群,提高髋部和大腿前后肌群的控制能力。

方法:双脚与双髋间距,躯干仰卧于瑞士球上;双臂伸直持球,形成体前屈姿势,保持 30 秒。

### (五)头枕瑞士球横桥单腿撑

目的:双脚于双髋间距,提髋形成桥形身体水平姿势,头和肩枕在瑞士球上。

方法:伸直一条腿提起,形成平行于地面的姿势,双臂伸直靠在瑞士球两侧。

### (六)仰姿脚垫瑞士球提髋屈双膝

目的:加固骨盆、腹部和腰部深层肌群,提高髋部和大腿后部肌群的控制能力。

方法:双脚并拢直腿坐在瑞士球上,提髋形成直体悬空姿势,头和肩枕在地面双腿屈膝上提身体,双臂伸直平放在地面上 20~30 秒。

### (七)仰姿脚垫瑞士球提髋屈单膝

目的:加固骨盆、腹部和腰部深层肌群,提高髋部和大腿后部肌群的控制能力。

方法:双脚并拢直腿坐在瑞士球上,提髋形成直体悬空姿势,头和肩枕在地面双腿屈膝上提身体,双臂伸直平放在地面上,再伸直和提起一条腿 20~30 秒。

### (八)仰姿脚垫瑞士球提髋直膝提腿

目的:加固骨盆、腹部和腰部深层肌群,提高髋部和大腿后部肌群的控制能力。

方法:双脚并拢直腿坐在瑞士球上,提髋形成直体悬空姿势,头和肩枕在地面双臂伸直平放在地面上,直膝提起一条腿,保持 20~30 秒。

### (九)跪姿伸臂滚瑞士球

目的:加固腰部和腰部深层肌群,提高背部和肩部肌群的控制能力。

方法:双臂并拢跪在地面,双臂屈肘垫在瑞士球上;形成直体悬空姿势双臂伸直滚动瑞士球,保持直体姿势。

## (十)俯姿伸臂脚尖支撑滚瑞士球

目的:加固腰部和腰部深层肌群,提高背部和肩部肌群的控制能力。

方法:双臂伸直,双脚并拢,脚尖支撑地面,双臂屈肘垫在瑞士球上,形成直体悬空姿势双臂伸直滚动瑞士球,保持直体姿势。

## (十一)俯姿屈双膝滚瑞士球

目的:加固骨盆和腹部腰部深层肌群,提高髋部和大腿前后肌群的控制能力。

方法:双脚并拢,直腿垫在瑞士球上,提髋形成直体悬空姿势,双臂伸直支撑在体面屈双膝收腿,上提骨盆和身体。

## (十二)俯姿屈单膝滚瑞士球

目的:加固骨盆和腹部腰部深层肌群,提高髋部和大腿前后肌群的控制能力。

方法:一条腿直腿垫在瑞士球上,另一条腿屈膝下垂,提髋形成直体悬空姿势,双臂伸直支撑在体面屈膝收腿,上提骨盆和身体,两腿交换练习。

# 三、身体平衡和动作稳定性控制练习

身体的平衡和动作的稳定性控制是建立在身体核心部位的稳定性之上的,这在很大程度上是由皮层下的中枢神经所控制,并涉及人体运动器官中的本体感受器(如肌腱)的参与,这是一种具有下意识反射特性的动作控制机制。因此,通常将其命名为本体感受性训练或者反应性力量训练。

这种类型的练习通常是在特定的环境条件下进行的,目的是让人体的神经和肌肉系统在潜意识里“掌握”如何控制和调整自己的动作,以满足快速变化的负荷需求。因此,这些练习对于提高力量训练的针对性,以及通过各种补偿性反射活动来预防伤害事故,具有非常积极和重要的意义,即所谓的“活的力量能力”。

## (一)单方向圆底踏板双脚站立

目的:提高身体平衡控制和神经—肌肉反射调节能力。

方法:双腿直腿将两只脚踩在圆底踏板上,控制不发生前后滚动。

要求:身体尽量不能晃动,保持3～5分钟。

圆底踏板的制作方法:踏板的大小一般40厘米×60厘米的长方形厚度大约2厘米的模板,做一个直径15厘米的半圆球黏合在踏板的中央,这是多向踏板;在木板的下放设置两个半圆球并排黏合到踏板上,这就是双向踏板。

## (二)三方向圆底踏板双脚站立

目的:提高身体平衡控制和神经—肌肉反射调节能力。

方法:单腿直腿踩在圆底踏板上,另一条腿屈膝提起然后分三个方向分别如下:

纵向踩在圆片踏板上,控制不发生前后滚动。

横向踩在圆片踏板上,控制不发生左右滚动。

斜向踩在圆片踏板上,控制不发生斜向滚动。

要求:身体尽量不能晃动,保持3～5分钟。

## (三)倒体单脚上圆底踏板支撑移动重心

目的:提高身体移动中的平衡控制和神经肌肉反射调节能力。

方法:面对球面踏板站立,身体倒向球面踏板,单脚踏上球面踏板支撑身体,一只脚踩在球面踏板上将重心移动过去。

要求:身体尽量稳定连贯。

## (四)单腿支撑抗阻屈髋

目的:提高身体平衡、动作控制和调节能力。

方法:单脚站立支撑身体,另一条腿在踝关节系胶带或阻力滑轮绳索屈髋、屈膝提起对抗阻力的腿。

## (五)双手持哑铃多向交叉步上圆底踏板

目的:提高身体平衡、动作控制和调节能力。

方法:双臂下垂,双手持哑铃于体侧,一条腿尽量原地迈出形成弓箭步姿势。下面是多向:一条腿向正前方迈出形成弓箭步姿势。一条腿向斜前方迈出形成弓箭步姿势。

## 四、杠铃及组合杠铃练习(髋和下肢为主)

### (一)深蹲

目的:发展臀部和大腿前部肌群力量。

方法:肩负杠铃,双脚一肩宽间距左右开立,双手握在体侧杠铃杆上,下蹲至大腿与地面平行的姿势后恢复开始姿势,重复练习。

要求:微抬头,躯干保持伸直,下蹲时吸气,站起时呼气。

### (二)宽深蹲

目的:发展臀部和大腿内侧肌群力量。

方法:肩负杠铃,双脚以1.5~2倍肩宽间距左右开立,双手握在体侧杠铃杆上,下蹲至大腿与地面平行的姿势后恢复开始姿势,重复练习。

要求:微抬头,躯干保持伸直,下蹲时吸气,站起时呼气。

### (三)半蹲

目的:发展臀部和大腿前部肌群力量。

方法:肩负杠铃,双脚以肩宽间距左右开立,双手握在体侧杠铃杆上,下蹲至大腿与地面45度角的姿势后恢复开始姿势,重复练习。

要求:微抬头,躯干保持伸直。

### (四)宽半蹲

目的:发展臀部和大腿内侧肌群力量。

方法:肩负杠铃,双脚以1.5~2倍肩宽间距左右开立,双手握在体侧杠铃杆上,下蹲至大腿与地面45度角的姿势后恢复开始姿势,重复练习。

要求:微抬头,躯干保持伸直。

### (五)蹲跳

目的:发展臀部和大腿前部肌群力量和下肢爆发力。

方法:肩负杠铃,双脚以肩宽间距左右开立,双手握在体侧杠铃杆上,下蹲至大腿与地面 45 度角的姿势后迅速跳起,重复练习。

要求:微抬头,躯干保持伸直,落地后尽快跳起。

## (六)踮脚尖前蹲

目的:发展臀部和大腿前部肌群力量。

方法:双脚以肩宽间距左右开立,脚跟下垫木板,双臂在胸前交叉,右手放在左肩上,左手放在右肩上,固定杠铃在颈前胸部下蹲至大腿与地面平行的姿势后恢复开始姿势,重复练习。

## (七)垫脚跟髋前蹲

目的:发展臀部和大腿内侧肌群力量。

方法:双脚以 1.5～2 倍肩宽间距左右开立,脚跟下垫木板,双臂在胸前交叉,右手放在左肩上,左手放在右肩上,固定杠铃在颈前胸部下蹲至大腿与地面平行的姿势后恢复开始姿势,重复练习。

## (八)负重弓箭步走

目的:发展下肢对抗缓冲、支撑身体力量和蹬伸爆发力。

方法:肩负轻杠铃,双手握在体侧杠铃杆上,支撑腿快速蹬伸,摆动腿大幅度向前迈步落地支撑,换腿重复。

要求:摆动腿落地后尽量减少缓冲,并短暂保持弓箭步姿势,再继续练习。

## (九)负重交换腿跳

目的:发展下肢对抗缓冲、支撑身体力量和蹬伸爆发力。

方法:肩负轻杠铃,双手握在体侧杠铃杆上,快速跳起交换两腿位置,持续练习。

要求:尽量减少双脚支撑用力时间。

## (十)负重交换腿上下台阶

目的:发展下肢对抗缓冲、支撑身体力量和蹬伸爆发力。方法:肩负轻杠铃,双手握在体侧杠铃杆上,一只脚踩在约 25～35 厘米高台阶上,另一只脚在地面,快速登上台阶并跳起,下降过程中交换双腿位置,持续练习。

要求:尽量减少双脚支撑用力时间,双脚蹬伸用力时间。

## (十一)身后提拉蹲

目的:发展臀部和大腿前部肌群力量、股后肌群等。

方法:双手掌心向后在髋部两侧握住杠铃杆于身后,双脚以肩宽间距左右开立下蹲至大腿与地面平行的姿势后,恢复开始姿势,重复练习。

## (十二)宽站立身后提拉蹲

目的:发展臀部和大腿内侧肌群力量、股后肌群等。

方法:双手掌心向后在髋部两侧握住杠铃杆于身后,双脚以 1.5~2 倍肩宽间距左右开立下蹲至大腿与地面平行的姿势后,恢复开始姿势,重复练习。

## (十三)纵向杠铃提拉蹲

目的:发展臀部和大腿前部肌群力量、股后肌群等。

方法:双手掌心向后在骨盆下面握住杠铃杆于身前、后,双脚以肩宽间距左右开立下蹲至大腿与地面平行的姿势后,恢复开始姿势,重复练习。

## (十四)单腿提踵

目的:发展小腿后部肌群力量。

方法:在力量练习器上将杠铃杆调整到略低于肩的位置,身体负杠铃抵住支架单腿支撑,支撑脚踩在一个约 10 厘米的固定高度上,另一脚在其后,支撑脚尽量大幅度提踵,交换腿重复练习。

要求:支撑腿大幅度提踵动作完成后,短暂保持姿势再恢复开始,并保持身体成一线,只有踝关节完成动作。

# 五、髋部和下肢部分辅助练习举例

## (一)仰卧提腿拉胶带

目的:发展下肢屈髋肌群力量和爆发力。

方法:仰卧在垫子上,踝关节系胶带,拉力方向向下,双手在头后交叉稳定上肢,双腿交替快速进行抬腿练习。

### (二)俯卧屈膝拉胶带

目的:发展下肢屈膝肌群力量和爆发力。

方法:俯卧在垫子上,踝关节系胶带,拉力方向向下,双手在头两侧稳定上肢,双腿交替快速进行屈膝练习。

### (三)扶墙踝屈伸

目的:发展小腿后部肌群力量。

方法:双手扶墙,单腿支撑,一只脚的脚背贴在支撑腿的脚后跟,身体向墙倾斜双臂稳定身体,支撑腿进行踝关节屈伸练习,双腿交换。

要求:快速,身体伸展成一直线。

### (四)扶墙后拉胶带

目的:发展臀部和大腿后部肌群力量。

方法:双手扶墙,单腿支撑,一只脚的踝关节系胶带一条腿支撑和稳定身体,另一条腿向后进行拉伸,双腿交换。

要求:快速。

### (五)单腿上下跳台阶

目的:发展腿部肌群蹬伸、支撑力量和爆发力。

方法:在一个30~40厘米的台阶上进行单腿上下跳跃练习。

要求:双臂配合摆动,尽量减少脚在地上的时间。

## 六、杠铃和组合杠铃练习(传统全身力量练习部分)

### (一)屈腿上提杠铃

目的:通过伸膝关节和髋关节、提高背部、髋部和大腿的力量,为高翻和挺举做准备。

运动肌群:运动肌群较多,肩部包括斜方肌中部和下部、肩胛提肌、菱形肌、前锯肌。臂部包括肌腱袖、三角肌、肱二头肌、肱三头肌、前臂肌、躯干、腹肌。髋关节包括臀中肌、臀小肌和髋关节主要旋外肌和内收肌群,背部包括竖脊肌。小腿下部包括踝关节稳定肌群、胫骨前肌、腓肠肌。大腿包括股四头肌等。

方法:两腿开立站在杠铃前,屈膝下蹲,正反手握杠铃(一手正握、一手反握),两手间距大约肩宽,稳定后准备上提杠铃。深吸一口气上提杠铃,杠铃经过膝关节时,髋关节前送。杠铃提到腰际高度,此时上体正直或微微后倾,下放杠铃动作完成。

要求:上提时吸气以增加腹压,保持挺胸,防止脊柱弯曲。

### (二)高翻杠铃

目的:主要是练习肩、背部和臂的爆发力。

运动肌群:运动肌群较多,主要牵拉肌群肩关节包括三角肌、冈上肌、冈下肌、小圆肌、胸大肌(锁骨部)、肩胛提肌。上臂包括肱二头肌。手腕包括桡侧腕长伸肌、桡侧腕短伸肌、尺侧腕伸肌。其他斜方肌中部和下部、肩胛提肌、菱形肌、腹肌、股四头肌等都参与整个动作。

方法:双脚开立与肩同宽,屈膝下蹲双手正手握住杠铃,稳定平衡,深吸一口气准备提杠。伸展膝关节和髋关节上提杠铃离开地面,当杠铃到达膝关节时,突然抬高肩部,使杠铃贴近大腿。杠铃到达大腿中部时,爆发式跳起(不离开地面),向上伸髋,身体伸展,加速杠铃上提。杠铃提至手腕高度时,屈肘关节,半蹲,上翻腕关节,由胸部支撑杠铃,肘关节指向前方,站立,保持平衡,动作完成。

要求:杠铃始终贴近身体,不要急拉,要稳步上提,然后加速。

### (三)挺举

目的:主要提高肩部、臂部及全身各关节的伸展能力。

运动肌群:运动肌群较多,下肢包括腓肠肌、比目鱼、臀大肌。上肢包括肱三头肌。躯干包括前屈肌。其他如斜方肌下部和中部、肩胛提肌、菱形肌、肌腱袖、腹肌及下肢较多的起稳定作用的肌群。

方法:双足张开至与肩膀同样的宽度,膝盖弯曲并蹲下,用双手和正手紧紧抓住杠铃,保持身体平衡,深呼吸以准备提杠。在伸展膝关节和髋关节时,要将杠铃从地面上拉出,当杠铃触及膝关节,应迅速抬高肩膀,确保杠铃与大腿紧密接触。当杠铃触及大腿的中央区域,它会以爆发式的方式跳起(并保持在地面上),然后向上伸展髋部和身体,以加快杠铃的上提速度。当杠铃被提升到手腕的高度,进行屈肘关节、半蹲和上翻腕关节的动作,胸部负责支撑杠铃,而肘关节则指向前方站立,以维持身体平衡。(此前同高翻)当身体弯曲膝盖并蹲到半蹲的位置时,通过伸展膝关节和髋关节,突然提高上举的速度,使力量迅速转移到手臂和上半身,而上举的杠铃则超过了头部,所有的动作都已经执行完毕。

要求:挺举是高翻的继续,要在掌握高翻的基础上学习挺举。

## (四)抓举

目的:全身各伸展肌群的力量、协调能力。

运动肌群:运动肌群较多,主要拉伸的肌群有下肢的腓肠肌、比目鱼肌、股四头肌;髋关节的臀大肌、绳肌;躯干的竖脊肌、三角肌(臂部)冈下肌、小圆肌、胸大肌、斜方肌上部、肩胛提肌、菱形肌、前锯肌、腹肌;髋关节的内收肌群及踝关节的稳定肌群等。

方法:脚开立与肩同宽,下蹲,正手握杠,两肘间距两倍肩宽,肩关节后移,使之位于杠铃上方,臀部后移,保持臂伸展。拉起杠铃,稳步上提,突然加速,由上肢和腹部提供力量转变为由腿部和背部肌肉提供力量,举过头顶,动作完成。

要求:抓举是一种快速、同步的力量练习,它需要速度、肌肉协调和好的平衡能力。在上举过程中,头部和肩部在上方。

# 第五章 速度素质训练在体能训练中的实践探究

速度素质是体能素质的重要内容,在竞技运动中起着举足轻重的作用,在有些情况下甚至是决定运动成绩高低和比赛胜负的关键。对大学生体能训练进行研究必须对速度素质训练的相关内容进行探讨。

## 第一节 速度素质简析

### 一、速度素质的含义

速度是指人体(或身体的某个部位)进行快速运动的能力。它包括三个方面:一是对各种刺激快速反应的能力;二是快速完成动作的能力;三是快速通过某一距离的能力。速度是大学生的基本素质之一,在体能训练中占有重要的地位。

### 二、速度素质的分类

速度素质是人体进行快速运动的一种能力,基本的表现形式有反应速度、动作速度和周期性运动中的位移速度。

#### (一)反应速度

反应速度是指人体对各种信号刺激(如声、光、触等)的快速应答能力。这种能力取决于信号通过神经传导所需时间的长短,即机体的感受器感受到刺激时,由感觉神经元传至中枢神经,由中枢神经发出指令,经运动神经元传至效应器肌肉,肌肉产生运动。这在运动中又称为反应时,反应时长反应速度慢,反应时短反应速度快。如短跑运动员听到枪声后快速反应并起跑;乒乓球运动员能在 0.15 秒内根据对方的击球动作和击球声音(通过视觉和听觉),非常迅速、准确地判断来球的落点和旋转性能,同时做出相应的技术回击,这就是良好的反应速度的表现。

反应速度以神经过程的反应时间(其中包括感觉时间、思维判别时间和动作始动时间)为基础。反应时间受遗传的因素影响较大,遗传力高达 0.75 以上。另外,反应时间的长短与刺激信号的强度和注意的集中程度与指向有关。

## (二)动作速度

动作速度是指人体或人体的一部分完成单个动作或成套动作的快慢以及单位时间内重复动作次数多少的能力。因此,动作速度又分为单个动作速度、成套动作速度及动作速率三种。

动作速度除了取决于信号在各环节中神经传递速度之外,还与神经系统对人体运动器官的指挥能力关系密切。如兴奋冲动强度大,加之传递速度快,协调性好,即指挥的能力强,动作速度必然快。此外,动作速度的快慢还与人体各器官系统的准备状态、快速力量与速度耐力水平以及动作熟练程度有关。

## (三)位移速度

位移速度是指在周期性运动中,单位时间内人体快速位移的能力。通常用通过一定距离的时间或单位时间内所通过的距离表示。

位移速度与人的神经过程的灵活性关系密切,神经兴奋与抑制过程灵活性越高,转换能力越强,人体两腿交换频率越高,位移速度就越快。大学生的跑速与其步幅、步频及二者的比例,肌肉放松能力和运动技能巩固程度有关。位移速度也受到遗传因素的影响。在技术动作中,位移速度可分为平均速度、加速度和最高速度。

构成速度素质的反应速度、动作速度、位移速度之间既有联系又有区别。位移速度本身就是由各个单个动作速度和动作速率组合而成的,如途中跑的后蹬速度、前摆腿动作速度、摆臂速度和重复次数的组合。反应速度又往往是位移速度的开始(如起跑)。因此,在发展位移速度时,要考虑三者之间的相互关系。就位移速度而言,反应速度是前提条件,动作速度是基础。

## 三、速度素质的意义

提高速度素质的主要目的是改善和提高神经系统的灵活性,提高无氧供能能力以及肌肉协调放松的能力。良好的速度素质对其他运动素质的发展具有积极的意义,能为大学生耐力素质的发展提供更大的空间,有助于大学生更好地掌握合理有效的运动技巧。速度素质的意义主要体现在以下三个方面。

### (一)速度素质是决定运动成绩的重要因素

在体育比赛中,有些项目比赛的成绩直接受到速度素质的制约,如田径中的短跑、短距离游泳、划船、自行车、滑冰、滑雪等项目本身就是比大学生快速运动的能力,通过一定距离,用速度的快慢决定胜负。有一些项目虽然本身不是速度比赛,但速度素质对运动成绩有着直接的影响,如跳远比赛,先由快速的助跑产生良好的水平速度,然后大学生要在 0.1 秒左右的时间内完成起跳,将身体抛出 8 米多远;跳高比赛中大学生要在 0.2 秒内完成起跳,将身体腾起 2 米多高;铅球比赛中大学生要在 0.2 秒的时间内发挥全身力量,将铅球推出 20 米以外。这说明动作的初速度决定了这些项目的运动成绩。如拳击、击剑等项目,大学生要在不停地运动中伺机快速出击,既要击中对方,又要进行躲避,防止被对方击中,这就要求快速及敏捷的动作速度。球类运动中的快攻与快防,突然启动,快速改变方向,及时堵、截、抢、断等都要求速度领先一步,方能取得主动。

### (二)速度素质是衡量竞技能力的客观依据

速度素质直接反映运动过程中的效果,提供改进技术、提高运动成绩的客观数据。竞技体育技术动作大多要求快速完成,良好的速度素质有助于大学生更好地掌握合理有效的运动技巧。

### (三)速度素质训练能够改善人体代谢过程

速度素质不仅能提高大学生的快速运动能力,而且能提高大学生的中枢神经过程的灵活性及兴奋与抑制的转换能力,提高大学生三磷酸腺苷和磷酸肌酸的储存量,促进大学生供能能力的提高,改善代谢过程。

# 第二节　速度素质训练的影响因素分析

## 一、影响反应速度的因素

### (一)感受器的敏感程度

感受器越敏感,越能缩短对各种信号刺激的感受时间。感受器的敏感程度在相当程度上受到注意力集中程度与指向以及感受器疲劳程度的制约。如射击时大学生长时间地进行瞄准练习后产生视觉疲劳,反应时间就会延长。

### (二)中枢神经系统机能

刺激信号的选择性越大,反射活动就越复杂。中枢神经对刺激信号的分析时间主要与中枢神经系统的兴奋性、条件反射建立的巩固程度有关。例如,中枢神经系统兴奋性高时反应时就缩短,疲劳时反应时则延长;如随着动作技能的日益成熟,反应时间就会明显缩短。

### (三)效应器(肌纤维)的兴奋性

肌肉处于紧张状态时反应时比放松状态要缩短 7% 左右;肌肉疲劳时反应时明显延长。注意力的集中程度、疲劳程度与反应过程的巩固程度对反应速度有相当大的影响。

## 二、影响动作、位移速度的因素

动作速度与位移速度的主要特点都是通过肌肉系统最大限度地快速活动形式的,在最短的单位时间内完成动作。由于人体肌肉活动的形式与质量受形态、生理、心理、力学、技术等方面的影响,故影响动作速度、位移速度的因素也表现为多方面。

## (一)人体形态

人体形态对速度的影响主要在于四肢的长度。在其他条件相等的情况下,上下肢的长度与该部位的运动速度成正比,即上下肢的长度越长,该部位的运动速度就越快。人体四肢的运动形式是肢体关节轴的转动,效应部位(手或脚)离轴心的距离越远,运动速度就越大。进行拳击和击剑练习的大学生的手臂越长,其出拳与出剑的速度就越快;进行径赛练习的大学生下肢的长度也是影响运动成绩的重要因素。所以,运动速度要求较高的体育竞技项目都会将人体形态作为一个重要的选材指标。

## (二)肌纤维类型和肌肉用力

肌肉的快速收缩是速度素质的基础。从肌肉的结构来说,人体骨骼肌分为快肌纤维(白肌纤维)、慢肌纤维(红肌纤维)和中间型纤维三种。快肌纤维主要靠糖酵解供能,并具有较高的脂肪、三磷酸腺苷、磷酸肌酸含量,但活动时容易疲劳。

人体肌肉块肌纤维百分比越高,快速运动的能力就越强。良好的肌肉弹性以及主动肌和对抗肌之间的协调交替能力也是实现快速运动、准确完成动作技术的重要保证。关节的柔韧性对大幅度完成动作(如步幅)的作用十分明显。因此,在发展速度(特别是位移速度)的过程中,安排适量的柔韧练习对速度素质的提高有积极意义。

## (三)肌肉能量储备与分解合成

肌肉收缩的速度首先取决于肌纤维中动用化学能的速度与强度以及化学能转变为收缩机械能的速度与强度。速度与肌肉中三磷酸腺苷的含量有关,与神经冲动传入肌肉时三磷酸腺苷的分解速度有关。

## (四)神经活动过程的灵活性

神经活动过程的灵活性主要指运动神经中枢兴奋与抑制之间快速的转换能力以及神经与肌肉之间的协调能力,人体部位各种形式的快速运动都是神经中枢活动高度协调的表现。只有这种高度协调才能保证在快速运动时抑制对抗肌的消极影响。另外,神经活动过程的灵活性不仅能影响肌肉的猛烈收缩,而且对放松肌肉的能力也有直接作用。大学生在发展位移速度时,如果能充分放松肌肉,就能较长时间维持高速运动。

## (五)注意力的集中程度

动作速度、位移速度还和大学生注意力的集中程度有很大关系。注意力的集中程度实际上是一种心理定向能力,这种能力不仅能影响中枢神经系统兴奋与抑制快速转换的速度,而且对肌肉纤维的紧张程度与收缩效果有重大作用。

## (六)力量发展水平与技术

在许多运动项目中,力量的发展水平与技术是影响动作速度和位移速度的重要因素。力量是引起人体加速度的原因,力量越大加速度越大,加速度越大,人体运动速度就越快。相对力量越大,肌肉就越容易在运动中克服内、外部阻力的影响,产生更快速的收缩速度。另外,动作速度和位移速度往往也受技术的影响,大学生的速度能力在很大程度上取决于完善的运动技术。

# 第三节　速度素质训练的基本方法

速度素质训练包括反应速度训练、动作速度训练和位移速度训练,下面从这三个方面对速度素质训练的基本方法进行分析。

## 一、反应速度训练的基本方法

反应速度是速度素质表现形式的一种。由于反应速度受遗传因素的影响,因此,它是一个后天练习改变不明显的指标。反应速度实际上是机体神经系统反射通路的传导时间,这种反射通路的传导是人体的纯生理过程,是某一个神经系统受遗传特征决定固有的时间过程。生理学研究证明,纯生理过程在后天不能改变或只能产生极微小的变化。由此可见,源于遗传因素的反应速度,即便通过运动练习也不能改变和提高人的反应速度,运动练习的作用只是将受遗传因素影响所决定的最高反应速度表现出来,并稳定下来。

在运动中,反应速度最终须通过某一部分肌肉工作的形式反映出来。因而,为了能够表现最高反应速度,加强后天的反应速度和肌肉工作形式的练习就有着重要的意义。

## (一)简单反应速度的训练

简单反应就是用早已熟悉或掌握的动作,去回答预先已知的,但又突然出现的信号,如对短跑起跑鸣枪的反应等。

### 1.简单动作反应速度练习的基本原理

第一,简单反应速度存在着转移现象,人们若对一些事物产生的反应较快,那么他们对另一些事物也会有较快的反应。各种各样的位移速度和动作速度练习可以逐步地提高这些简单反应速度,但是简单反应速度并不能影响动作速度和位移速度的发展,因为反应速度与动作速度、位移速度之间的转移是不能逆转的。

第二,简单反应速度与心理素质练习有关。在运动中,大学生对细微时间间隙的感觉(0.1秒以内)越精细,准备辨别这种时间差的能力就越强,就越能将这种准确时间差转移到反应速度上来。

第三,简单反应速度的提高取决于大学生对信号做出应答反应动作的熟练程度。这是由于动作熟练后,一旦出现信号,中枢神经系统无须再花费较多时间去沟通与运动器官之间的反射联系。

### 2.简单反应速度的训练方法

体育科学研究表明,由视觉到动作反应的时间:大学生平均为0.25秒(0.2～0.35秒),大学生为0.15～0.2秒;由听觉到动作的反应时间(较短):大学生平均为0.17～0.27秒,大学生为0.10～0.15秒。对于未进行过简单反应速度专门训练的大学生来说,只要对他们进行一般的速度练习,或多种多样的游戏活动及球类或者对抗性的练习等,就可以发展简单动作的反应速度,而且可以获得良好的效果。如果把专项运动所需要的简单动作反应速度提高到一定的程度或较高水平,就需要采用专门的练习手段和方法。

发展简单动作反应速度的方法有以下几种。

(1)变换练习法

变换练习法即根据动作的强度和具体时间变化的信号刺激,明显地改变练习的形式和环境,提高简单动作的反应速度。应用变换练习法还可以辅以专门的心理素质练习,发展简单动作反应速度的练习(比赛的条件、模拟接近测试),这样可以使大学生逐渐适应多变的环境,消除妨碍实现简单动作反应的紧张,避免兴奋的极度扩散。

(2)分解练习法

分解练习法即分解回答反应的动作,使之处于较容易完成的条件下,通过提高分解动作的速度提高反应的速度。例如,蹲踞式起跑时,反应时间要比站立式起跑长,这是因为大学生的手臂支撑着较大的重量,要较快地离开地面有一定的困难。因此,练习时,可先练习对起跑信号的反应速度(高姿势起跑或扶其他物体),而后不用信号单独练习第一个动作的速度。

(3)运动感觉法

运动感觉法即心理素质练习与运动实践相结合的一种方法。运动感觉法的练习可分为三个阶段:第一阶段,大学生听到信号后,用最快的速度对信号做出应答反应(如做 5 米的起跑),并获得实际的时间,以提高大学生的应答反应能力。第二阶段,让大学生自我判断反应时间,并与实际时间进行比较,以提高大学生的时间感觉能力。第三阶段,要求大学生按照预先规定的时间完成某一反应的练习,以提高大学生的时间判断能力。运动心理练习也是提高简单动作反应速度的一个方面,如注意力集中的目标、对等待信号的时间判断、采取合理的动作等,都有助于提高反应速度。

(二)复杂反应速度的练习

复杂反应速度是指对瞬间的(运动、动作)变化做出相应动作的回答。例如,在球类运动(如篮球、排球、足球、羽毛球、网球、垒球、乒乓球等)以及一对一的对抗项目(如击剑、拳击、摔跤、跆拳道、空手道、散打、自由搏击等)中,由于竞争和对抗程度激烈,经常会出现应急而变换动作的情况,因此,对复杂反应速度有着极高的要求。

复杂反应速度在运动中大部分属于"选择"反应。选择反应主要有两种反应形式:一是对移动目标的反应,主要是指对运动客体的变化做出反应;二是选择动作的反应,主要是根据对手动作的变化而作出相应的动作反应。

复杂反应速度的培养是运动技术和战术练习的组成部分,在球类运动和格斗运动项目里显得尤为突出。复杂反应速度的提高,最有效和最主要的方法是在练习中模拟实战演练或整个竞赛活动的情况以及参加测验和比赛。因为对方所产生的变化只有在激烈竞争中才能充分地显现出来,而自己所选择的反应动作是否有效也只有在实战应用中才能得到检验。

发展复杂反应速度的练习方法有以下几种。

## 1.移动目标的练习

移动目标的练习,即对移动目标产生应答反应并做出选择反应。在运动中,对移动着的目标做出应答反应需要经过四个阶段:到目标移动或听到信号;判断目标移动的速度和方向;选择应答动作的方案;实现动作的方案。

上述四个阶段组成了运动条件反射的潜伏期。例如,对球类运动中"传球"的反应过程,是由看到球—判断球速、方向—选择动作—完成动作等来实现动作应答反应的。整个反应过程时间为 $0.25 \sim 1.0$ 秒。其中,第一阶段所需时间最长,其他三个阶段的时间要短得多,约为 $0.05$ 秒。因而,强调第一阶段练习,即观察移动物体的练习,对提高人体的反应能力是十分重要的。

快速移动目标练习方法可采用以下两种。

第一,"预料"能力的培养,即培养在视野中预先"观察到"和"盯住"运动着的物体以及预先推测和确定该物体可能移动的方向、位置的能力。这种能力需要在技术动作和战术动作的练习过程中不断地强化,才能得到一定程度地提高。

第二,有意识地引入和增加外部刺激因素。如在球类项目练习时增加球的数量,采用多球的游戏练习;缩小练习的场地;安排一对二或一对三的练习等。还可以采用带有程序设计装置的练习器和其他专门设备(如排球发球机、乒乓球发球机等)提高大学生在运动中辨别和确定运动物体的能力。

缩短选择动作反应时间,提高反应速度,需要大学生能够巧妙地利用对手可能发出动作的"潜伏信息"。这种潜伏信息是从观察对手的面部表情、身体姿势、准备动作等得来的。实践证明,一旦准确地意识到了对手可能采用的进攻方式,就能准确地选择相应的应答动作缩短反应时间。

## 2. 选择性反应能力的练习

选择性反应能力的练习,即在同伴或对方瞬间做出动作时,迅速地选择和做出应答性动作的练习。要达到这一点,就必须在提高复杂动作反应速度的同时,提高技术动作,培养动作的协调能力。如在格斗练习中,采用防守动作时,对对方的进攻动作做出的选择动作的应答反应。这种选择性反应能力的形成是随着运动技能的熟练性和自动化以及动作技术的常规反应和快速反应的练习而逐步提高的。

## 3. 选择性地练习

选择性地练习,即让大学生随着各种信号的变化,作出相应的与逆反的应答动作。如在练习时,同伴发出向左转的口令,大学生则向右转;或者同伴发出蹲下动作口令,大学生则站立不动;或者在跑动中听哨音,变化着继续向前跑、向后转跑、转身360度跑等事先规定的相应动作。这种练习动作简捷、易做,但要求大学生注意力高度集中、反应快。

总之,要有目的地发展复杂反应速度的练习,就要让大学生多模拟运动中易产生的这些复杂反应的条件和类似的形式,通过反复适应,促使反应时间缩短。由于运动中的复杂反应速度的转移范围相当广泛,因而可以采用多种形式的练习。

## 二、动作速度训练的基本方法

动作速度是速度素质的表现形式之一。人们所观察到的运动的某一部分或动作的某一环节表现出来的速度,实际上是由力量、协调、耐力、技术等因素以及速度素质决定的。所以,动作速度的练习与其他运动素质的练习和技术练习有着密切的联系。也就是说,动作速度的培养必须有目的地发展相应的运动素质和运动能力,这也是动作速度练习的特殊之处。

由于速度素质不易转移,因而在动作速度的练习中,不同的练习要求,动作速度练习的具体任务和内容也就有所不同。例如,在非周期性速度力量项目练习中,动作速度主要是在具体的技术动作中表现出来的(如举重的发力、跳跃的蹬地等)。在这类项目中,动作速度负重与速度力量能力的培养任务是一致的。如果负重的重量越重,速度的练习与力量的练习之间的联系就越紧密,动作速度与技术动作之间的关系也更密切。另外,在周期性项目和综合性动作组成的项目中,需要多次在高速度的情况下完成多个单个动作的综合。因而,动作速度与速度耐力的培养任务是联系在一起的。而在一些并不直接依赖极限速度的项目中(如球类项目),也需要动作速度在其他能力发展的同时得到提高,这既是动作速度水平提高的前提条件,也是提高动作速度能力的重要保证。

提高动作速度的练习方法很多,针对实践活动的需要,介绍以下几种有效的练习法。

### (一)减少阻力的练习法

减少阻力的练习法,即减少外界自然条件阻力和人体本身重阻力的练习。例如,利用风力进行顺风骑车、顺风跑、顺水游泳等,利用自身的动作惯性转移到速度的外部条件进行下坡跑、下坡骑车等。在克服自身体重的练习中,可采用助力来减缓身体的重量,帮助大学生完成技术动作的动作速度,如体操动作的(外部)助力或保护带的帮助等,但在助力与帮助时,需要把握好助力、帮助的时机和用力的大小,有利于达到动作速度的要求。

## (二)加速度的练习法

在体育运动中,加速度不单指物体运动速度大小的变化,还包括物体运动速度方向的变化等。如 100 米从起跑到途中跑阶段为跑的加速阶段,助跑跳跃的踏跳速度和举重的发力的动作过程等,都显示出大学生的动作速度和运动速度发生了明显的变化。为了促进运动速度和动作速度的不断提高,许多项目已把加速阶段的练习列为主要练习内容,并作为发展速度的重要练习手段。

## (三)负重物的练习法

由于运动中动作速度与力量水平有着极为重要的关系,因而,发展动作速度需要与发展力量结合起来。通常在运用举重物做专门性动作速度练习时,重物的重量应比培养单纯力量和速度力量时的重量要轻一些。为了使速度力量和速度能同时产生影响,可以把各种负重和不负重的专门练习结合起来进行练习。但是,有些比赛中的专项动作则无须附加重物,即一种以专项力量和速度是同时出现的动作形式。因此,当采用专项动作本身作为练习手段时,一般不负重,这样可使专项力量和动作速度有机地结合在一起,使得动作速度在体育比赛中完美地展现出来。

## (四)巩固技术的练习法

动作速度的提高,在很大程度上取决于已熟练掌握的运动技术。这是因为动作幅度的大小、工作距离的长短以及运动的方向、工作的时间、动作的路线、角度和用力等都与动作速度的大小密切相关。所以,采用已巩固和熟练的动作完成动作时,大学生可以不考虑这些因素,而将精力集中在完成动作的速度上,轻松、协调地发挥动作的水平。

## (五)利用后效作用的练习法

利用后效作用的练习法,即利用动作加速及器械重量的变化所获得的后效作用提高动作速度的练习。也就是说,在完成上一次负重量的动作影响下,可以使动作速度暂时得到提高,如在跑步前先负重跑,跳高前先负重跳,推铅球前先加重铅球推等。这是由于在第一次动作完成后,中枢神经的"兴奋"仍保持着运动指令,可大大缩短下一个动作的时间,提高动作的速度。这种后效作用的产生取决于负重量的大小和随后减轻的情况以及练习重量的数量和采用的标准练习交换的次序。例如,在短跑练习中正确的顺序是上坡跑—水平跑道跑—下坡跑;推铅球的正确顺序是加重—标准—减轻,这种练习安排都是由后效作用所决定的。

### (六)体育游戏的练习法

体育游戏的练习法是以愉悦身心、增强体质、陶冶情操为目的的一种游戏方法,由于在平常练习时,速度练习的时间短,运动员机体能表现出最大速度并不容易,而采用体育游戏的练习法可以激发大学生高涨的情绪,同时,由于游戏过程中能够引起各种动作的变化,表现最大速度的可能性就会增加。

## 三、移动速度训练的基本方法

移动速度在某种意义上说是一种综合运动能力的表现,它与大学生的力量性、柔韧度、速度耐力和协调性等有着极为密切的关系。发展移动速度可采用以下几种方法。

### (一)发展力量练习法

发展力量是练习移动速度的基本途径之一。力量练习的目的是提高大学生的速度素质,但最终的目的是将大学生所获得的力量和速度素质用到提高移动速度上。在力量练习中一般应注意以下几点。

第一,力量练习能使大学生的力量素质得到全面、均衡地发展。第二,力量练习要求大学生以较快的速度重复一定负重的练习,以获得速度力量储备,继而促进移动速度的提高。第三,力量练习是培养大学生预防运动损伤和自我保护的能力,强调科学、安全地练习。第四,发展基本力量的练习采用适中的强度(约 40%~60%的强度)进行快速的重复(负重)练习,使大学生的肌肉力量和肌肉横断面增大;或者采用极限、次极限负荷的练习也能发展移动速度。第五,力量练习应侧重速度力量的发展,一般可采用超等长的力量练习,如立定跳远、单足跳(跳上跳下台阶)、跳深等。

在力量练习中,若要将力量的提高转化到移动速度上,通常是在力量练习负荷减少后出现的。力量向移动速度的转化大约需要 2~6 周的时间,例如,跑步练习阶段的情况有:第一,在跑的时候要感到有一种贯穿全身的力;第二,跑动中要富有弹性感;第三,跑起来要有一种有力的跨度感;第四,跑后肌肉酸痛感有所减轻。也就是说,这个阶段的练习,只有在以上几种情况出现后才能实现力量向移动速度的转化。

## (二)重复练习法

重复练习法是移动速度练习方法之一,即以一定的速度,多次重复一定距离的练习,也是移动速度练习的基本方法之一。采用重复练习法时一般要注意以下几点。

### 1.练习强度

练习强度是练习负荷的主导因素,也是提高大学生快速移动能力的有效手段。如采用 90%~100% 的强度进行速度练习时,大学生需要高度集中注意力,以最大限度地动员肌肉力量,使得动作幅度大、频率快,并达到最高的速度水平。移动速度练习也不局限于最大强度和接近最大强度的练习,有时还可以采用 85%~95% 的强度进行练习,这种练习不仅可以保持三磷酸腺苷的供能,延长练习时间,预防学生过早出现疲劳或产生损伤,而且还有利于改进和巩固技术动作,防止速度障碍的出现。在练习中,练习的强度并非一成不变的,有节奏、合理地变换练习强度,不仅可以提高力量速度,而且有助于轻松自如地完成动作,避免动作速度恒定在同一水平上。

### 2.练习持续时间

移动速度的练习时间与其他练习要素一样,练习的刺激持续时间也应达到最佳化。一般最低持续时间应从启动到加快至最高速度所需的时间。如果持续时间过短,未能达到最高速度,其练习的功用只是改善了加速度过程,而并非获得了最佳速度效果。通常改善和提高绝对速度练习的持续时间一般在 5～30 秒,例如,在 20 秒以内的短时间练习时,人体无氧代谢主要靠腺苷三磷酸和磷酸肌酸直接分解供能,所以不会出现运动能力过分降低的现象。因此,速度练习持续的时间还是要根据运动的项目和大学生的具体情况等确定。如果练习中出现疲劳,运动能力下降,不能继续保持最大速度的状况,则应终止练习或休息调整。

### 3. 重复练习的次数和组数

与耐力素质练习相比,移动速度练习所消耗的总能量要低一些,但单位时间内消耗的能量远比其他练习形式的练习要高得多,这也是移动练习时大学生较快地出现疲劳的原因。由此可见,移动速度练习的重复次数不能过多。为了保证有效的练习时间,可以适当地增加练习组数。

### 4. 练习的间歇时间

运动中的间歇时间应以大学生机体相对达到完全恢复的状态为原则。也就是说,能够使大学生在下一次练习开始时,中枢神经系统再度兴奋,机体的功能变化得到中和,以适应每一次练习的物质供能。通常间歇时间的长短与大学生的练习强度、身体状况和练习持续时间等有关。一般来说,练习持续时间短,休息时间相对也短;练习持续时间长,休息时间相对也长。例如,练习持续时间约为 5～10 秒,每次间歇时间约为 40～90 秒,组与组之间的休息时间约为 2～5 分钟。间歇时可以进行放松、伸展、按摩等恢复性的活动,为后续练习创造适宜的条件。

## (三)综合性练习法

综合性练习法是移动素质练习方法之一,也是若干练习方法的综合运用。常用的综合性练习法有循环练习法和组合练习法等。综合性练习法可以改善练习的整体效能,灵活地调整练习负荷与休息,逐步地提高大学生的运动素质、速度能力和技术动作。

练习时,一般可采用以下程序。

第一,肌肉建设性练习,主要采用 40%～60% 的强度多次重复负重练习,使肌肉力量和肌肉横截面持续增大。

第二,肌肉内协调性练习,使肌肉用力时能够最大限度地动员更多的肌纤维的同时强力收缩。通常可采用75%～100%的大强度练习法以及跳深、负重物蹲跳等练习。

第三，"金字塔式"练习法，即肌肉建设性和肌肉内协调性二者兼顾的练习。

第四，柔韧素质练习，生理学研究证明，柔韧性提高后可以增加力的作用范围与时间，导致运动速度增加，同时能使肌肉协调性得到改善，从而减少肌肉阻力和增大肌肉合力。因此，经常采用发展髋关节柔韧性的体前屈，弓箭步肩后仰、转髋走以及胶皮带抬腿送髋等练习，对移动速度的提高具有积极的作用。

第五，改进技术动作，发展移动速度。移动速度的提高在很大程度上取决于完善的技术动作。如技术动作的幅度与半径的大小，工作距离的长短，运动时间的多少等都与移动速度快慢有关。只有掌握了合理的技术动作，轻松自如地完成动作，消除多余的肌肉紧张，才能够充分地发挥速度水平。

第六，采用设置若干练习点（每个点用不同的练习手段）进行循环练习，是当今世界时尚体育练习的主要方法之一，也是发展动作速度和移动速度的有效手段。

## (四)发展步频、步长的练习法

通常步长和步频是影响跑动中移动速度的两个主要因素，只有将高频率和大步幅融合到跑动中，才能表现出高水平的移动速度。而影响步长和步频的共同因素则是力量的协调性。其中，影响步频的因素有肌纤维的类型和神经系统的灵活性；影响步长的因素有柔韧性、后蹬技术以及腿长等。需要指出的是，柔韧性和后蹬技术通过练习可以得到明显改进，而腿长、肌纤维类型、神经系统灵活性则主要取决于遗传。遗传因素通过后天的练习只能发生极微小的变化。因而，对一般的大学生来说，如果步频不太理想，加大步幅也是提高移动速度的有效途径。

# 第四节　速度素质训练的注意事项阐述

## 一、速度素质训练的一般注意事项

速度素质的发展受多种因素的影响,为了有效地提高人体的快速运动能力,在练习中必须注意如下事项。

### (一)合理安排速度训练的顺序与时间

各种身体素质及运动能力之间具有相互联系、相互促进和相互制约的关系,在发展某一素质的同时,都会或多或少,或直接或间接地引起其他素质的变化。因此,发展速度素质时应处理好同其他素质的关系,合理安排练习的顺序,使得素质间互相促进和良性转移。

在速度练习中,通常使用发展力量的手段促进速度的提升,但是静力性力量练习,由于动作缓慢,会降低神经过敏和肌肉活动的灵活性。而速度素质要求神经过程的灵活性高,兴奋与抑制迅速转换,肌肉收缩轻松协调。因此,速度练习应放在力量练习之前进行,力量练习也应以动力性力量为主。在力量练习过程中,大学生应交替安排一些轻松、快速的跑跳练习或一些协调性和柔韧性练习,这对发展大学生速度素质十分必要。

速度素质练习的时间应安排在大学生身心状态最佳、精力最充沛的时候进行。因为人体疲劳后神经过程灵活性降低。兴奋与抑制的快速转换不可能建立,在这时发展速度素质效果不好。

### (二)速度素质训练与专项技术相结合

体育科学研究人员发现,速度类练习对本身练习之外动作速度发展的迁移效果较低,也就是说,速度练习只是更多地局限于诱发练习动作本身的速度能力。因此,速度练习需要结合专项技术动作要求进行,具有较高的专门性。动作速度训练应与各专项的技术相结合,让大学生在速度训练中能感觉到躯干等各部位的协调配合及在空间、时间方面的速度节奏,发展专项技术所需要的动作速度的能力。

### (三)保证大学生体能训练的环境安全

必须保证训练环境的安全,速度训练前进行充分的准备活动,保证速度训练后的充分休息和身体恢复。速度练习中的负荷对大学生的肌肉、肌腱和韧带提出了很高的要求,因此,运动损伤发生的潜在危险性很高。所以对任何速度的练习来说,在比赛或训练前认真进行专门的准备活动是最基本的要求。此外,在早晨的训练时间里应该注意不要安排最大强度的速度练习。如果肌肉出现疼痛或痉挛等迹象,训练的原有负荷就应该停止。在气温较低的天气里,应当选择恰当的服装(竞赛服),还应该采用按摩和放松练习等训练手段,如果在皮肤上涂擦强力的物质促进血液循环,必须使用经过有关医疗卫生部门批准的物质。最后,还需要在保障场地设施安全的条件下进行速度训练,注意穿透气良好、宽大的运动服和适宜的鞋袜。

### (四)从体能训练者的实际情况出发

训练内容的安排要充分考虑大学生训练水平和身体状态的可接受程度,在速度练习之间要保证大学生身体疲劳完全恢复。注意采用正确的技术动作和练习内容之间循序渐进的衔接顺序,先慢后快,先易后难。

人体适宜的工作状态对发展速度素质是十分必要的,其中包括神经系统的适宜状态,内脏系统的适宜状态和肌肉系统的适宜状态。大学生注意力集中,可使神经系统处于适宜的兴奋状态,并使肌肉保持一定的紧张度。而强度较小并保持一段时间的活动能提高中枢神经系统功能,使内脏系统与肌肉系统间形成适宜的相互关系,对改善肌肉内协调性有良好的作用。

### (五)速度能力与其他能力协同发展

力量特别是快速力量和柔韧性是影响速度素质的重要因素,所以在发展速度素质中,应先注意发展快速力量。如采用中小强度多次重复快速负重练习,使肌肉横断面和肌肉力量增大,并提高肌肉活动的灵活性;适当采用大强度练习,使肌肉用力时能够最大限度地动员更多的肌纤维同时进行收缩,提高肌肉的收缩功效。柔韧性提高后可以增加力的作用范围和时间,同时能使肌肉内协调性得到改善,从而减少肌肉阻力和增大肌肉合力,最终提高运动速度。

大学生整个身体或某些关节的运动速度是实现理想运动成绩的决定性因素,而运动项目所要求的最佳运动速度常常由关节协同发力产生,但是速度和力量并不同步发展。在一些速度能力起决定性作用的运动项目训练中,较早地进行技术动作的速度训练是很重要的,但是这些训练不一定必须遵照基本的技术模式。在一些项目中,速度与体能训练有密切联系,因为速度可能与耐力、力量和灵活性紧密相关。而且,速度训练还可能与复杂的技术训练有关,因为速度训练需要针对项目的专门要求安排,此外,根据项目中所参与的有关力量、耐力和灵活性以及项目所要求的最佳/最大速度和关节运动速度变化之间的协同配合程度的不同,要求也会有所不同。

## 二、各类型速度素质训练的注意事项

### (一)反应速度素质训练的注意事项

#### 1.动作熟练程度

反应速度的提高主要取决于大学生对应答信号的熟练程度。在运动中,对于动作娴熟、运用自如的大学生来说,一旦信号出现,就会立刻作出相应的反应动作。反之,则会做出迟钝的反应动作。这是由于感受器受到信号刺激,中枢神经无须再花费较长时间去沟通与运动器官的反射联系。因而,要提高反应速度的最好方法就是反复多练。但在反复练习中,需要经常不断地变化练习刺激的时间和强度等因素。

#### 2.集中注意力

在运动中,保持注意力集中,可使神经系统处于适宜的兴奋状态,并使肌肉收缩处在待发状态。实验证明,肌肉处在待发状态时,要比肌肉处于松弛状态的反应速度快 60% 左右。这里所说的注意力主要反映在完成的动作方面以及缩短反应潜伏期的时间。

### 3.掌握多种技能

反应速度的练习需要结合实际需要进行练习。如练习短距离起跑时,主要是练习听觉—动觉的反应速度,可采用"声"信号刺激提高这种反应能力。如格斗类项目动作复杂多变,这就要求大学生能在瞬间对各种复杂多变的条件做出迅速反应。为了达到这一要求,可多模拟实战演练或比赛的情况。因为格斗时对方所采用的动作变化只有在激烈的对抗中才能充分地显现出来,而反击对手的应答动作是否有效,则需要在对抗中得到检验。

## (二)动作速度素质训练的注意事项

### 1.采用的动作应是熟练掌握的

采用已熟练掌握的练习动作,可以使大学生在完成动作时,无须将精力放在如何完成动作上,而是将精力集中在完成动作的速度上,以提高动作速度的练习效果。

### 2.掌握好练习的间歇时间和休息方式

由于练习动作速度强度比较大,因此要求大学生必须有较高的兴奋性。为了保证整个练习过程不因疲劳而降低运动的强度,并达到预定的练习效果,就需要严格掌握练习的间歇时间和休息方式。因为休息间歇的持续时间决定着中枢神经系统兴奋的转换和与氧债的"偿还"有密切关联的植物性功能指标的恢复。

### 3.动作速度练习需要与练习项目相似

动作速度仅仅是提高水平速度的平行运动,而旋转动作速度则是物体围绕一个轴或点所做的圆周运动。只有将二者有机地结合起来进行练习,才能达到预定的练习效果。例如,球类运动的反应练习可将视觉与四肢运动结合起来,格斗运动应将判断对手的动作与自己的攻防动作结合起来。通过简化条件的反复练习,既可以提高反应速度和动作速度,又可以掌握正确的技术动作,并协调速度的运用。

## (三)移动速度素质训练的注意事项

### 1.防止和克服速度障碍

当移动速度发展到一定水平时,由于神经、肌肉系统等达到一定的高峰后,在练习中积累、形成的步频、步幅、技术、节奏等就会产生相对稳定的状态或动力定型,继而出现移动速度停滞,阻碍其继续提高的现象,从而出现速度障碍。产生速度障碍的客观原因是从运动技能形成规律上说的,技能动力定型的形成使得大学生在已掌握技术动作的空间特征上固定下来,在时间特征上稳定下来;从技能形成的机制上讲,神经过程的灵活性对速度练习的作用比其他练习显得更为重要,而神经过程的灵活性练习难度很大。从能量供给上讲,肌肉收缩所需要的能量值的立方与肌肉收缩的速度成正比;从运动医学上讲,人体向前移动所克服的阻力与其前进的速度平方成正比。在练习中,防止和避免速度障碍应注意以下几点。

(1)强化运动能力,发展全面身体素质,使大学生掌握好基本技术动作,提高机体的活动能力。

(2)发展肌肉力量和弹性,培养大学生轻松自如、准确协调地完成动作的意识。

(3)练习手段要多样化,尤其要多采用一些发展速度力量的练习手段,以变化的频率、节奏完成动作,建立中枢神经系统灵活多样的条件反射。

(4)采用极限速度练习,安排适中的运动负荷。在极限速度练习后,要使肌肉得到一定的放松,这样做不仅可以尽快地恢复机体的活动能力,还可以促进纤维工作同步化和肌肉工作的协调性。

(5)采用减少外部阻力的练习,为了防止和避免速度障碍的形成,训练中可以通过变换练习方法或增加一些能够产生运动过程兴奋的练习内容。因为多次重复新的刺激能使大学生产生新的动力定型,如减少外部阻力的下坡跑、牵引跑、顺风跑等练习。

## 2.预防和克服心理障碍

心理障碍是妨碍大学生发展快速移动能力或潜力的主要因素之一。如认为对自己的成功与否难以预测,自信心较弱;消极思维导致过度紧张和焦虑,感觉提高成绩是不可能的事。

要克服心理障碍应做到以下几点。

（1）激发大学生顽强拼搏、奋勇进取的勇敢精神和坚定的信心，并设置适宜的目标。

（2）可在练习中有意识地安排一些接力跑、集体游戏等练习内容，激发大学生在练习中发挥快速移动的能力。

（3）在练习中有针对性地采用一些竞赛活动，通过斗智、比速度、比技术、比成绩，激励大学生的高昂斗志和运动动机，使大学生在竞争中充分地发挥速度水平的潜力。

（4）在练习或测验、考核、比赛中，可采用"让步赛"的活动形式，即强者让出一定的优势给弱者，促使大学生尽量地发挥最快的速度水平。

### 3.注重肌肉放松的练习

肌肉的放松对速度的提高有着极为重要的作用。这是因为肌肉放松、张弛有度能够减少肌肉本身的内阻力，增大肌肉合力，促进血液循环旺盛。生理学研究表明，当肌肉张度达到 $60\%\sim80\%$ 时，严重阻碍血液流动，动作协调性严重失控，已具备的快速能力将无从发挥，而肌肉放松时，肌肉中的血流情况则大为改善，比紧张时提高 $15\sim16$ 倍。由于血液循环旺盛，能够给予参加活动的肌肉输送大量的氧气，节省能源物质，使得机体储备有限的 ATP 得到合理地利用，有效地增加肌肉收缩的速度。

# 第六章　耐力素质训练在体能训练中的实践探究

耐力是评定大学生体能素质水平的重要指标之一,从事任何运动项目的训练和比赛都需要具备一定的耐力水平。因此,各高校教师应该对提高大学生的耐力素质水平给予高度的重视,同时在一般的体育课教学中,也应将耐力素质作为重要的环节进行训练。

# 第一节　耐力素质简析

## 一、耐力素质的概念及分类

### (一)耐力素质的概念

耐力素质是指人体在长时间工作或运动中克服疲劳的能力,它是反映人体健康水平或体质强弱的重要标志之一,在人体体能素质中发挥着极为重要的作用。在各项体能素质中,各个素质之间并不是独立存在的,耐力素质可以与其他素质,如力量、速度、柔韧度等素质相结合,形成机体的力量耐力和速度耐力。

人体在长时间运动后会产生疲劳,从而造成机体工作能力暂时性下降。这是一种正常的生理现象,机体进行长时间的工作,会使体内的能量物质大量消耗,在得不到及时补充的情况下,必然会产生疲劳。但是,疲劳又是提高机体工作能力所必需的,它是机体机能恢复与提高的刺激物,因此,提高耐力素质对体能的发展和克服人体疲劳的能力非常重要。

通常可以将疲劳分为智力上的疲劳、感觉方面的疲劳、感情上的疲劳及体力上的疲劳等。而在大学生运动训练的过程中,大部分是由运动带来的肌肉活动而产生的体力上的疲劳,这是训练的必然结果。当产生运动疲劳后,机体的运动能力会随之下降,运动的时间长短也会受到影响,所以疲劳又阻碍了大学生运动训练的发展。因此,大学生必须在运动训练过程中克服自身的疲劳。大学生这种克服疲劳的过程也恰好反映出了他们所具备的耐力水平的高低。

## (二)耐力素质的分类

不同的运动项目对机体体能的要求都不同,而耐力素质作为体能素质中重要的身体素质之一,在各种运动项目中同样有着自己不同的要求和标准。机体耐力素质可以按照以下标准进行分类。

### 1.按运动时间分类

(1)短时间耐力

通常可以将运动持续时间在 45 秒至 2 分钟的项目所需的耐力称为短时间耐力。完成这类运动项目所需的能量大多是通过机体的无氧代谢过程提供的,通常在机体运动过程中,短时间产生较高的氧债。而这类运动的运动成绩受机体力量与速度耐力素质的影响较大。

(2)中等时间耐力

通常可以将运动持续时间在 2～8 分钟的运动项目所需的耐力称为中等时间耐力。完成这类运动项目的负荷强度一般要比长时间的耐力项目的负荷强度要大。通常机体在运动过程中,氧不能完全满足机体的运动需要,会在运动过程中产生一定的氧债。造成这种情况的原因是无氧系统与运动速度成正比。

(3)长时间耐力

通常可以将运动持续时间超过 8 分钟的运动项目所需要的耐力称为长时间耐力。这类运动项目的整个过程都是由氧系统进行供能的,对机体的心血管和呼吸系统进行高度动员。通常在机体运动过程中,大学生的心率可达到 170～180 次/分钟,心排血量可达到 30～40 升/分钟,脉通气量可达到 120～140 升/分钟。

## 2.按肌肉工作方式分类

### (1)静力性耐力

通常将机体在长时间的静力性肌肉工作中克服疲劳的能力称为静力性耐力,它在射击、射箭、举重的支撑、吊环的十字支撑等项目中都有所体现。

### (2)动力性耐力

通常将机体在长时间的动力性肌肉工作中克服疲劳的能力称为动力性耐力,它在长跑、滑雪、游泳等运动项目中都有所体现。

## 3.按身体活动分类

### (1)身体部位的耐力

身体部位的耐力主要是指机体的某一身体部位在进行长时间运动时,克服疲劳的能力。例如,机体在对上肢或下肢进行较长时间的反复力量训练,使被练习部位的肌肉出现酸胀、疼痛的感觉,如果继续训练,该部位就会出现肌肉活动困难的现象,这种克服肌肉疲劳的能力表现就是身体部位耐力水平的表现。在体能练习中,这种局部耐力水平的提高取决于一般耐力发展水平的高低。

### (2)全身的耐力

全身的耐力主要是指整个身体机能在运动训练中,机体克服疲劳的综合能力。它可以反映机体的综合耐力水平。

## 4.按运动项目耐力分类

### (1)一般耐力

一般耐力一般是指机体多肌群、多系统长时间工作的能力。不管运动项目的特点如何,拥有良好的一般耐力是达到各种训练要求的基础。但是,由于一般耐力是不同形式耐力的综合表现,对不同的运动项目来说,对它也有不同的要求。因此,在进行一般耐力训练时,应充分考虑一般耐力与专项耐力之间的关系。

### (2)专项耐力

专项耐力是指机体为了获取专项成绩,最大限度地动员机能能力,克服专项负荷所产生的克服疲劳的能力。专项耐力会根据运动项目的不同表现出不同的特点。例如,短距离跑、蹬自行车等项目的专项耐力需要有保持较长时间高速度的速度能力;举重、摔跤、拳击、体操等项目的专项耐力都需要力量性的力量耐力和静力性耐力;球类项目的专项耐力需要在较长时间内保持带有大量极限强度动作(快速移动、进攻、防守、打击)的抗疲劳的能力。通常专项耐力的训练,机体会承载较大的训练量和负荷强度,并且会随着不同训练阶段的变化,而使身体训练、技术训练的负荷总量有规律地增长。在专项耐力的训练过程中,机体还会建立一定的专项耐力储备,促使机体更好地完成专项训练任务。

## 二、耐力素质的评价指标

机体的耐力素质对很多项目的运动成绩具有极为重要的影响,而对耐力素质的评价,可以通过一定的评价指标进行评定。例如,一般耐力的评定指标通常是以机体持续完成运动的时间或距离进行评定的,常用的方法是耐力跑的时间或 12 分钟跑的距离;而有氧耐力通常以个人的最大吸氧量和无氧阈为评定指标。无氧耐力一般则以无氧性运动的成绩结合血乳酸浓度的变化为评价指标加以评定;肌肉耐力是依据肌肉完成规定强度的练习次数、平均做功能力或者表面肌电信号平均功率频率变化斜率等物理和生理指标进行检测与评价。需要指出的是,这些评价指标也会随着耐力的不同分类而发生一些变化。

# 第二节　耐力素质训练的影响因素分析

## 一、生理因素

(一)影响有氧耐力的生理学因素

### 1.氧运输系统的功能水平

机体的呼吸、血液和循环组成了整个氧运输系统,这一系统起到了为机体运输氧气、营养物质和代谢产物的作用,这也是有氧耐力水平的决定性因素。其中机体血液的载氧能力和心脏的泵血功能是决定机体氧运输系统的功能水平的重要因素。机体中血液的载氧能力受血液中血红蛋白含量高低的影响,通常情况下,机体中 1 克血红蛋白可以结合 1.34 毫升氧气,血液中的血红蛋白含量越高,血液结合的氧气就越多,其载氧量就越高。研究发现,一般成年男性每 100 毫升血液中血红蛋白含量约为 15 克,每 100 毫升血液中血氧容量约为 20 毫升,而女性和少年儿童血液中的血红蛋白和血氧容量都要略少于成年男性。在一些耐力项目优秀的大学生中,其血液中的血红蛋白含量可以达到每一百毫升血液中含 16 克血红蛋白,比一般成人和其他项目的大学生都要高,正因如此,其血液的载氧量也会超出一般人。机体的最大心排血量(即心脏每搏量与心率的乘积)是心脏泵血功能水平的重要表现。机体的最大心排血量越大,外周肌肉组织单位时间内获得的血流量越多,氧气的运输量也越大。一般优秀的耐力项目大学生的心室腔容积和心室壁厚度都要比非耐力项目大学生和一般人要大,并且他们心脏每搏的输出量可以达到 150～170 毫升,而普通成人则大多只能达到 100～120 毫升。此外,拥有优秀耐力的大学生的心肌收缩力也会比非耐力性项目大学生和一般人要大,运动时心率即使高达 200 次/分钟,心排血量仍不减少。

### 2.骨骼肌利用氧的能力

人体的肌肉组织可以从流经毛细血管的血液中摄取。生理学研究表明,肌肉中的肌纤维类型和它的有氧代谢能力会对肌肉组织摄取氧气的能力产生直接的影响。肌肉中的Ⅰ型肌纤维比例越高,有氧代谢酶活性就越高,而肌肉组织摄取氧气的能力也就越强。一些优秀的耐力型大学生都具有这些特点,他们通常具有较高的慢肌纤维百分比,线粒体数量多,有氧氧化酶活性高,毛细血管分布密度大,这些都使他们的肌肉具有很强的氧气摄取能力。

同时,能够对人体骨骼肌运动时的氧利用能力进行整体反应的还有无氧阈。以无氧阈的最大吸氧量相对值表示法为例,其比值越高,反映肌肉的氧利用能力就越强。通常情况下普通成年人的无氧阈最大吸氧量在65%左右,而一些优秀的耐力型大学生的无氧阈最大吸氧量可以达到80%以上。

### 3.神经系统的调节能力

大学生在进行耐力运动训练时,对其神经系统提出了较高的要求。它需要大学生的神经系统能够保持长时间的兴奋状态和抑制节律性转换,并且能够使机体的运动中枢和内脏中枢之间进行协调活动,以实现保持肌肉收缩和舒张的良好节律以及运动器官和内脏器官活动之间的协调和配合。经研究,机体神经系统的调节功能可以通过耐力训练进行有效的改善,从而使机体更能适应耐力运动训练的需要,这一点也是耐力型大学生能够坚持长时间运动的生理学原因之一。

### 4.能量供应及其利用效率

实践训练研究发现,机体中肌糖原含量不足,其耐力性运动训练成绩会受到明显的影响;反之,机体拥有充足的肌糖原储备,并且对有氧氧化产生的能量进行有效的利用、节约肌糖原利用以及提高机体中脂肪的利用比例等,都能使机体的耐力水平得到有效的提高。

机体的能量利用效率是机体在单位耗氧量条件下的做功能力。通过对耐力型大学生运动训练的研究,发现多数的耐力型大学生产生的运动成绩差异,有65%是由于机体能量利用效率的不同而造成的。

## (二)影响无氧耐力的生理学因素

### 1.骨骼肌的无氧酵解供能能力

肌糖原的无氧酵解为机体的无氧耐力提供主要的能量,而机体中肌纤维百分构成和糖酵解酶催化活性会直接对肌糖原的无氧酵解供能产生影响。通过对不同代谢性质运动项目大学生身体结构的研究,可以发现经过这些不同项目的运动训练后,大学生之间的肌纤维百分构成和糖酵解酶活性会出现较为明显的变化。

### 2.对酸性物质的缓冲能力

由于肌肉糖酵解过程中会产生大量的 $H^+$,它们会大量积累在肌细胞内,并且会向血液扩散,造成机体肌肉和血液中酸性物质增加,对机体细胞内和内环境的理化性质造成一定干扰。在人体肌肉和血液中,会存在一些中和酸性物质的缓冲物质,它们是一种由弱酸以及弱酸与强碱生成的盐按一定比例组成的混合液,其主要作用就是缓冲酸、碱物质,保持体内 pH 值的相对恒定。经研究发现,一些耐力型大学生的耐酸能力要比其他类型大学生强很多,大学生可以通过无氧耐力训练提高自身的耐酸能力,进而提高自己的无氧耐力水平。

3. 神经系统对酸性物质的耐受能力

虽然机体内酸性物质的快速积累,会通过肌肉和血液中的缓冲物质得到缓冲,但对于肌肉和血液的 pH 值向酸性方向发展却无能为力。通常情况下,人体在安静的状态下,其血液的 pH 平均值为 7.4,骨骼肌细胞液的 pH 值为 7.0 左右。但是,当机体进行相对剧烈或长时间的运动时,其血液和骨骼肌细胞液的 pH 值均可能出现明显的降低。血液的 pH 值可能会降至 7.0 左右,骨骼肌细胞液的 pH 值则可能会降至 6.3。而通过对神经系统的研究,可以发现神经系统对运动肌的驱动和对不同肌群活动的协调作用是影响无氧耐力的一个重要因素,而神经系统的这类功能会受到大量酸性物质的影响,从而对运动过程中运动单位的激活和中枢控制的协调性产生一定影响。如果大学生经常参加无氧耐力的训练,则可以使神经系统对酸性物质的耐受能力得到有效提高。

## 二、个性心理特征

大学生的运动动机和兴趣以及面临运动活动的心理稳定性、努力程度、自持力和意志品质都直接影响耐力水平的发展,特别是意志品质在耐力训练中起着非常重要的作用。在长时间运动出现疲劳的情况下以及在以强度为主的训练中,意志品质的重要作用体现得尤为明显。

## 三、运动技能水平

耐力素质是一名大学生从事训练和比赛非常重要的一项基本素质,

其耐力素质的高低对能否取得优异的运动成绩有着极为重要的影响。因此,在任何一个运动项目中都应将耐力素质作为基础素质来发展。需要说明的是,耐力素质要想得到很好的发展,还必须具备一定的运动技能水平,大学生运动技能水平的高低对耐力素质的发展起到重要的促进作用。

# 第三节  耐力素质训练的手段应用

## 一、有氧耐力训练

有氧耐力训练是一般耐力的基础,通过提高大学生的摄氧、输氧及用氧能力,保持体内适宜的糖原和脂肪的储存量以及提高肌肉、关节、韧带等支撑运动器官对长时间负荷的承受能力,是发展有氧耐力的基本途径。

(一)有氧耐力训练的指标

最大吸氧量是指在运动过程中人体的呼吸和循环系统发挥最大的机能水平时,每分钟所能吸取的最大吸氧量。最大吸氧量是反映耐力水平的一个重要指标,最大吸氧量越大,有氧耐力水平也就越高。在有氧过程为主的运动项目中,经过训练的大学生的最大吸氧量明显高于一般人(一般人的最大吸氧量为 2~3 升/分钟,大学生的最大吸氧量为 4~6 升/分钟)。同时,最大吸氧量越高,耐力性运动的成绩就越好。

(二)有氧耐力训练的参数

1. 负荷强度

单纯发展有氧耐力水平的训练强度相对要小,训练强度应低于最大速度的 70%,并以有氧系统供能为主。强度可以通过完成一定距离的时间、每秒速度、心率评定。如以心率控制负荷强度,对大学生可控制在 140~160 次/分钟,对训练有素的大学生可控制在 150~170 次/分钟。根据这个强度进行长时间工作,可使有氧系统供能得到有效改善,心肺系统的机能水平、肌肉供血和直接吸收氧气的能力得到提高。

训练结果还可使心脏容量增大,有利于促进骨骼肌、心肌的毛细血管增生。如负荷强度超过此限度,心率达 170 次/分钟以上,就会产生氧债,从而使训练向无氧方向转化。如训练强度低于此限度,心率在 150 次/分钟以下,则不能有效地提高有氧能力。

### 2.无氧阈

每个训练有素的大学生都有与其适应并且随着运动能力的提高而变化的合理负荷范围。其中,负荷强度要时时与每个人的竞技能力相一致,过低过高都会影响练习效果。所以寻找适宜的负荷范围就显得尤为重要。无氧阈是指人体逐渐增加工作强度时,由有氧代谢供能开始大量动用无氧代谢供能的临界点(转折点),常以血乳酸含量达到 0.004 摩尔/升时所对应的强度或功率(瓦)来表示。超过这个临界强度(无氧阈)时,血乳酸浓度将急剧增加。

### 3.有氧—无氧混合代谢区域

有氧—无氧混合代谢区域是将把所有有氧代谢和无氧代谢结合起来进行训练的有效代谢区域。例如,在跑第一个快跑段(200~100 米)结束时心率为 27~28 次/10 秒钟,而慢跑段时心率为 24~26 次/10 秒钟。快跑段的时间、距离及其反复的数量取决于大学生的训练水平和该训练阶段的任务,这种训练手段对提高耐力项目的最大有氧能力非常有效。

### 4.持续时间

持续时间应根据专项的特点、大学生的需要以及训练阶段的不同要求进行安排。有时为了提高比赛开始阶段发挥作用的无氧耐力,可采用 60~90 秒钟的训练持续时间,为了提高有氧耐力,则必须采用较长时间的多次重复(3~10 分钟)或 20 分钟以上至两个小时的持续负荷。只有坚持较多的负荷数量,练习的时间长,才能使大学生全身血量和红细胞数增加,提高大学生的每搏输出量,达到发展有氧耐力的目的。

### 5.重复次数

重复次数应根据维持高水平氧消耗的生理能力确定。如果不能维持高水平氧消耗,有氧系统就不能满足能量需要。其结果会使无氧系统开始工作,给机体造成紧张,并较早出现疲劳。心率是表示大学生疲劳状况的有效指标。随着疲劳的增加,重复同等强度负荷时的心率也会增加。一旦心率超过 180 次/分钟,大学生心脏的收缩能力就会降低,导致大学生负荷肌肉的供氧不足,这时就应调整训练计划和减少重复次数。

(三)具体的有氧耐力训练方法

1.变速跑

在场地上进行。快跑段、慢跑段距离也根据专项任务与要求决定。一般常以 400 米、600 米、800 米、1000 米等段落进行。如中距离跑训练中大学生常用 400 米快跑,200 米慢跑的变速或 600 米快跑,200～400 米慢跑等变速。

2.定时走

在场地、公路或其他自然环境中按规定时间做自然走或稍快些自然走,一般走 30 米左右。

3.定时跑

在场地、公路或树林中做 10～20 分钟或更长时间的定时跑。

4.定时定距跑

在场地或公路上做定时跑完固定距离的练习,如要求在 14～20 分钟内跑 3600～4600 米。

# 二、无氧耐力训练

(一)乳酸供能无氧耐力的训练

1.强度

应比发展有氧耐力的强度大得多,一般应达到本人可以承受的最大强度的 80%～90%,心率可达到 180～190 次/分钟。练习中必须使大学生的机体处于无氧糖酵解状态,并产生乳酸。

2.负荷持续时间

负荷持续时间应长于 35 秒钟,一般可控制在 1～2 分钟,若以游泳为训练手段,游程应控制在 50～200 米;若以跑为训练手段,跑距应控制在 300～600 米。训练实践证明,乳酸供能无氧耐力对提高田径中距离跑

(800 米、1500 米)项目极为重要。

### 3. 练习次数、组数和间歇时间

练习次数与组数应根据训练水平、跑速、段落长度和组间间歇时间而定。如采用 200～400 米段落，则每组可有 3～4 次重复跑，共练习 3～4 组，若采用 500～600 米段落，则可重复 2～3 组，每组练习的间歇时间和组间间歇时间应该很短，使之不带有任何有氧代谢性质，总的原则是段落短、间歇时间也短。

### 4. 练习的顺序

练习顺序的安排直接影响到练习的效果。如先跑短段落（200～300 米），再逐渐增长段落，则大学生体内血乳酸浓度不断提高；相反顺序的安排，血乳酸浓度在前 2～3 个段落已达到最大值，然后随着段落的缩短而降低。因此，为了提高大学生机体迅速动员无氧糖酵解的能力，则应先从跑长段落（500～600 米）开始，然后再跑短段落（200～300 米）；若为了提高有机体长时间维持糖酵解的高度活性，有利于血乳酸累积和训练效应积累，则应采用相反顺序。采用长段落跑的手段时也可用变速方法。有时可在段落开始用快速跑，中间减速，后 1/3 跑段再加速。或将一个长段落分为三部分，后一部分的速度比前一部分快；或者跑一个长段落时经常按固定长度变换速度，目的是培养大学生根据比赛环境变换速度的能力。

## (二)非乳酸供能无氧耐力的训练

间歇训练法是发展非乳酸供能无氧耐力水平的主要训练方法，发展非乳酸供能无氧耐力主要涉及以下几个因素。

### 1. 强度与练习持续时间

强度与练习持续时间主要采用大强度，即采用本人可以承受的最大强度的 90%～95% 的强度进行练习，以保证机体动用磷酸肌酸能源物质。练习持续时间一般为 5～30 秒。

### 2. 重复次数与组数

重复次数以不降低训练强度为原则。重复次数可保持在每组 4～5 次。练习组数应视大学生具体情况而定，对训练水平高的大学生，练习组数可多一些,反之可少一些。训练中最好采用多组方式,如每组练习4～5次,重复5～6组。

3.间歇时间

间歇时间有两种具体做法。第一种是短距离(如30～70米的赛跑)的间歇安排,间歇时间为50～60秒钟。这种间歇安排的目的在于保证机体动用磷酸肌酸为能源。第二种是较长距离(如100～150米)的间歇安排,时间2～3分钟。这样做的目的在于保证机体磷酸肌酸能量物质通过间歇时间的休息能得到尽快恢复。练习的组间间歇时间则应相对长一些,如5～10分钟,这样可使磷酸肌酸能量物质通过间歇时间的休息得到尽快恢复,以便进行下一组练习。

## 三、混合耐力训练

### (一)反复跑

每组反复跑150米、250米、500米之间距离,4～5次,每组练习之间休息约20分钟。要求以预定的时间跑完全程,也可以采用专项的3/4距离进行练习,要求大学生在训练时采用80%以上的强度。

### (二)间歇快跑

以接近100%强度跑完100米后,接着慢跑1分钟,间歇练习。快慢方式对照组成一组,反复训练10～30组,要求根据大学生实际情况增减和调整训练负荷。训练中要求尽全力完成训练。

### (三)短距离重复跑

采用300～600米距离,每次练习强度为80%～90%,进行反复跑。大学生在训练时,要注意速度分配的准确性,可以采用全程或半程的速度分配计划。

### (四)力竭重复跑

采用专项比赛距离,或稍长距离,以100%强度全力跑若干次,每次之间充分休息,短跑时大学生可采用30米,中距离跑时大学生可采用

800 米或 1500 米。

### (五)俄式间歇跑

固定练习中间休息时间,随着大学生训练水平的提高逐渐缩短中间休息时间。训练时要求学生在 400 米练习中,用规定速度跑完 100 米后,休息 20～30 秒钟,如此循环反复训练。当大学生的能力可以缩短练习中间的休息时间时,调整休息时间为 15～25 秒钟。

### (六)持续接力

以 100～200 米的全力跑,每组 4～5 人轮流接力。要求大学生在训练时注意安全和练习过程中的协调配合,也可以将所有大学生分成若干组进行训练比赛。

## 四、专项耐力训练

专项耐力训练是最大限度接近比赛动作的专项练习,其任务是充分利用专项运动负荷的增长发展专项耐力,建立必要的专项耐力储备,为保持稳定的比赛能力打下良好的基础。不同的运动项目对专项耐力有不同的要求,不同的运动项目专项耐力的表现又具有不同的特点。因此,为了发展专项耐力,就必须根据各个项目的专项特点,选择适宜的训练内容、方法和手段。下面就以高校校园中常见的运动项目为例,分析各运动专项耐力素质训练的方法。

### (一)篮球专项耐力训练

#### 1.弹跳耐力训练

(1)用本人弹跳 80% 的高度连续跳 20～30 次为一组,跳若干组(组间休息 2～3 分钟)。

(2)5 分钟跳绳练习:双脚双摇跳 30 秒钟,左脚单跳 1 分钟,右脚单跳 1 分钟,完成两个循环正好 5 分钟(可根据训练水平调整运动负荷的量与强度)。

(3)连续原地或助跑单手摸高,连续助跑起跳摸篮板。

(4)双脚连续跳阶梯,跳 8～10 个高栏架。

(5)原地或沙地连续直膝跳、蹲腿跳、跳起抱膝。

## 2.速度耐力训练

(1)多组 200 米或 400 米全速跑,每组间歇时间为 15～2 分钟。

(2)1500 米变速跑,直道时全速跑,弯道时慢跑。

(3)30 米冲刺:10 次,每次间歇 15～20 秒钟。

(4)60 米冲刺:10 次,每次间歇 30 秒钟。

(5)长距离定时跑。3000 米、5000 米或越野跑。

## 3.移动耐力训练

(1)看教师手势向各个方向移动,2～3 分钟为 1 组。

(2)单人全场防守滑步。

(3)30 秒钟 3 米左右移动 5～8 组。

(4)全场、半场篮球赛,或小场地足球赛,要求人盯人防守。

## (二)足球专项耐力训练

### 1.足球有氧耐力的训练

(1)3000 米、5000 米、8000 米、10000 米等不同距离的定时跑或越野跑。要求大学生在空气清新、相对松软、有弹性的地面练习,跑的速度可以适当变化,心率控制在 150～170 次/分钟,运动时间 1.5～2 小时。

(2)12 分钟有氧低强度训练。

(3)400～800 米变速跑。要求大学生根据自身能力控制速度和距离。负荷强度由低到高,心率控制在 130～150 次/分钟、170～180 次/分钟,训练持续时间在半小时以上。

(4)半场 7 对 7 控球对抗训练。要求每队传控好本方球,并全力破坏对方的传控。练习时可限制触球次数;可视情况调整场区或人数。

(5)100～200 米间歇跑。要求整个训练的持续时间尽可能延长至少半小时。练习之间采用积极性休息方式,如放松走和慢跑。训练负荷量较小,训练中每一次练习的持续时间不长。负荷强度较大,心率达到170～180 次/分钟。在身体尚未完全恢复的情况下进行下一次练习,心率在 120～140 次/分钟。

(6)跳跃传球循环训练。在半个足球场地上进行,10 名队员,4 个栏架,足球若干。从第一名队员开始,跳过栏架接守门员长传,按顺时针方向进行传球和跑动接应,由最后一名队员接长传后完成射门,时间为 15 分钟。

(7)5 对 5 传抢对抗训练。将足球场分为 A、B 区,大学生在 A、B 区交替转移传抢,每次换区后,传球队员留下。练习类型为间歇式,如做 5 分钟休息 1 分钟。练习要求是 2～3 次转移成功得 1 分;传够一定次数才可转移;听一定的信号方可转移。

### 2.足球无氧耐力的训练

(1)重复多次的 30～60 米冲刺。

(2)1 分钟内 1 对 1 追拍或 1 对 1 过人。

(3)进行 5 米、10 米、15 米、20 米、25 米折返跑训练。

(4)100～400 米高强度的反复跑和 1～2 分钟极限训练。

(5)往返冲刺传球,队员甲往返冲刺在限制线之间(间距 10 米),在限制线附近回传乙、丙分别传来的球,乙、丙离限制线约 5 米。

(6)100～400 米逐渐缩短间歇时间跑。采用 80％～90％的训练强度,心率达到 180～190 次/分钟。一次训练的持续时间和距离稍长,练习的重复次数不宜过多。要求大学生间歇时间逐渐缩短,可采用段落相等或不等的练习。如果段落不等,练习顺序由短到长,在最后一组训练时基本保持规定的强度。

(7)编组训练。内容可以是折线快跑 20 米—仰卧屈体 5 次—冲刺 10 米—突停转身铲球—向左右做旋风腿各 1 次—快跑中跳起头顶球 3 次—冲刺射门 2 次—三级蛙跳。

(8)100 米、110 米栏、100 米栏、200 米短段落间歇跑。可采用 30～60 米距离,间歇时间 1 分钟左右。采用 95％以上的大强度训练,持续时间 10 秒钟左右,要求大学生保持高训练强度。较多的练习重复次数,组数根据大学生情况而定。

(9)追逐游戏训练。每队各 10 人面对站立,教练向其中 2 人抛球。红方得球,红追蓝;蓝方得球,蓝追红,阻止对方跑进标志线。练习时间为 10 分钟。

(10)争球射门训练。12 人分为 2 组,每组占用半个足球场地,每组 1 名守门员,2 人一组,争教师发出的球,得球者攻,无球者防,交替进行,练习时间为 15 分钟。

### (三)排球专项耐力训练

**1.排球移动耐力的训练方法**

(1)连续地跑动滚翻或鱼跃救球。

(2)20～30 米冲刺跑 7～8 组。

(3)大学生连续移动接教师抛出的不同方向、不同弧度的球。

(4)个人连续地跑动传球或垫球 10～15 次。

(5)单人全场防守,要求防起 15 个好球为一组。

(6)通过观察教师的手势连续向右前、前、左前方进退移动,2～3 分钟为一组。

(7)大学生连续移动接教师掷出的不同方向、不同距离的地滚球。

(8)跑动滚翻或鱼跃救球;全场移动单人依次防守 10～20 个球;"8"字防守 30～50 个球;连续地跑动传球或垫球 20～30 次;连续大强度低防守或三人防调练习。

(9)36 米移动。大学生站在进攻线后看信号启动,前进时必须用双手摸到中线,后退时双脚必须退过进攻线,前进、后退两个来回后接侧身滑步或交叉步移动(不许转身)两个来回,用单手摸线,然后做钻网跑。单手摸对方场区进攻线,折回时单手摸出发线。

**2.排球弹跳耐力的训练方法**

(1)连续小负荷多次数的力量训练。

(2)3～5 人一组,连续滚翻救球,每人 30～50 次。

(3)连续收腹跳 8～10 个栏架。

（4）连续原地跳起单手或双手摸篮板或篮圈。

（5）规定次数、时间、节奏的跳绳，如5分钟跳绳练习。双脚双摇跳30秒，左脚弹跳1分钟，右脚弹跳1分钟，完成两个循环正好5分钟（可根据训练水平调整运动负荷）。

（6）30米冲刺跑10次，每次间歇15～20秒钟。

（7）用本人弹跳80%的高度连续跳20～30次为一组，跳若干组，组间休息2～3分钟。

（8）个人连续扣抛球10～20次为一组，扣若干组，组间休息3分钟。

（9）连续移动拦网。队员先在3号位原地跳起拦两次，落地后移动至4号位拦一次，最后回到3号位拦一次，移动到2号位拦两次，再回到3号位拦两次。如此重复2～3个循环为一组。

（10）单人连续扣球20～30次，组间休息3分钟；三人连续扣球90～120次，组间休息2～3分钟；4、3、2号位连续各扣5球；连续扣防练习：扣球后下撤防守，再上网扣球，20次一组，做若干组；单人连续拦网10次，要求不能犯规；3、4（2、3）号位连续左右移动拦网×10次；2、4号位连续左右移动拦网×6次；拦网结合保护练习，拦一次后下撤保护一次，做10个组合，若干组。

**3.排球综合耐力的训练方法**

（1）身体训练以后再进行排球比赛或比赛以后再进行身体训练。

（2）象征性排球比赛模仿练习。大学生先从1号位防起一个扣球之后，前移防起一个吊球，然后移动到6号位调整传球一次，移动到5号位防一个扣球，再移动到4号位扣一个球，移动到3号位做一次拦网动作，后撤上步扣球，最后移动到2号位。一次单脚起跳扣球为一组，连续做若干组。

（3）连续打5～7局或9～11局的教学比赛，可训练比赛耐力。

（4）按场上轮转顺序，在6个位置上做6个不同的规定动作，连续进行若干组。

### (四)羽毛球专项耐力训练

#### 1.冲刺跑加移动步法训练

200 米、300 米或是 400 米全力冲跑后,立刻进行 45 秒钟或 1 分钟全场移动步法练习,完成两项内容为一组,中途没有间歇,组与组之间可间歇 3 分钟左右。依据选手的具体情况,可采用 2 组、3 组、5 组不等的练习负荷。

#### 2.跳绳训练

可以进行长时间的单、双脚跳绳训练。

#### 3.多球速度耐力训练

(1)多球后场定点连续击高吊杀练习。

(2)多球连续被动接吊杀练习。

(3)多球连续全场杀球上网练习。

(4)多球双打后场左右连续杀球练习。

(5)多球全场封杀球练习。

(6)多球全场跑动练习。

#### 4.单打持续全场进攻防守训练

运用 5~6 个球,一人专门负责捡球,失误出现时,不间断地立即再次发球,使大学生没有间歇,在规定时间内保持较高速度反复移动击球。

(1)二一式 20 或 30 分钟不间断持续全场进攻练习。

(2)三一式 30 分钟不间断持续全场接四角球和接吊杀球练习。

(3)三一式、四一式单打全场或是双打半场、全场防守练习。

# 第四节　耐力素质训练的注意事项阐述

## 一、注意有氧、无氧耐力训练相结合

在机体代谢的过程中,机体的有氧耐力和无氧耐力之间有着密切的关系。其中,有氧耐力是无氧耐力发展的基础。通过有氧耐力练习能使心脏体积增大,每搏输出量提高,从而为无氧耐力的发展打下了坚实的基础。在发展有氧耐力的过程中,合理穿插一些无氧耐力练习,可以对大学生的呼吸能力和循环系统的功能进行有效的改善,在增强大学生机体输送氧气能力的同时,也大大提高了大学生的有氧耐力水平。由此可以看出,机体有氧耐力和无氧耐力之间能够相互联系和促进。所以,在耐力练习中要注意二者的结合,至于有氧耐力练习和无氧耐力练习的比例,应视实际情况而定。

## 二、注意呼吸问题

大学生在进行耐力训练时,正确的呼吸节奏是有效摄取耐力训练时自身所需要氧气的关键。在训练过程中,当大学生进行中等负荷耐力训练时,机体的每分钟耗氧量与氧供给量之间会出现一些不平衡的现象,如果是大负荷训练,这种不平衡就会更加明显。氧的摄取是通过提高呼吸频率和加深呼吸深度而实现的,大学生在耐力训练中应加深对供氧能力的培养。同时,还应注意强调呼吸节奏与动作节奏配合的一致性,使呼吸与动作相协调。

## 三、注重专项特点

大学生在运动过程中,运动方法不同,其增进各种能量系统的作用也会出现差异,在训练时必须根据项目的特点和需要,选择适合的训练内容、方法和手段,以实现理想的训练效果。而在同一项目的不同训练周期中,耐力训练也有着特定的要求,多是按照一般耐力阶段、专项耐力基础阶段和专项耐力阶段划分进行训练的。

## 四、有意识地培养意志品质

大学生在耐力训练中,意志品质在其耐力素质提高的过程中起到了至关重要的作用。这是机体产生的一种心理内驱力,在身体承受运动极限的同时,用坚毅的品质作为内在驱动而继续前行。因此,在耐力训练过程中既要关注大学生承受的生理负荷,同时又要对意志品质的培养给予足够的重视。

# 参考文献

[1]施小菊.体育微格教学[M].厦门:厦门大学出版社,2019.

[2]肖春元.大学体育篮球教学改革研究[M].哈尔滨:黑龙江教育出版社,2019.

[3]尹宁宁,刘文静,祝文钢.体育舞蹈教学理论与实践探究[M].北京:现代出版社,2019.

[4]李志伟.现代高校体育与健康教程[M].天津:天津大学出版社,2019.

[5]李广耀.让教学成为一种研究[M].苏州:苏州大学出版社,2019.

[6]岳抑波,谭晓伟.高校足球运动理论与战术技能研究[M].长春:吉林人民出版社,2019.

[7]李纲,张斌彬,李晓雷.高校户外拓展运动教学与心理拓展实践[M].郑州:黄河水利出版社,2019.

[8]王斌,李改.体育技能培训与创业指导[M].北京:科学出版社,2019.

[9]郭庆凯,秦宇阳,史友国.体育教学与体能训练[M].北京:中国纺织出版社,2019.

[10]李倩,陈堂春,姜锦.舞蹈教学研究与技能训练[M].上海:上海交通大学出版社,2019.

[11]辛娟娟.运动技能与体育教学[M].北京:九州出版社,2018.

[12]李福祥,李杰,林海.体育课堂教学设计与技能训练指导[M].北京:九州出版社,2018.

[13]李健,刘英杰,蔡传明.体育课堂教学技能理论与方法[M].厦门:厦门大学出版社,2018.

[14]葛柳,董植寿.体育舞蹈技能分析与教学研究[M].长春:吉林文史出版社,2018.

[15]雷虎义,郝秀江,霍文军.体育教学体系的优化及技能培养研究[M].北京:中国商务出版社,2018.

[16]张桃臣,刘彦.体育课堂教学技能实训教程[M].北京:北京体育大学出版社,2018.

[17]郭敏进,刘承军.多视角下的体育教学与训练技能研究[M].北京:中国戏剧出版社,2018.

[18]柴伟丽.基于教师职业发展的体育专业师范生教学技能训练探究[M].北京:中国大地出版社,2018.

[19]答英娟,包静波,王锋.体育与健康[M].北京:北京邮电大学出版社,2018.

[20]张芹,侯红璆,吕萍.全科型教师教学基本技能实训教程[M].昆明:云南大学出版社,2018.

[21]刘满.体育教学团队的科学建设与管理[M].北京:中国商业出版社,2018.

[22]曹丹.体育健康与体育教育学研究[M].天津:天津科学技术出版社,2018.

[23]谭清国,朱蓉.有效体育教学及其质量监控体系研究[M].成都:电子科技大学出版社,2018.

[24]王松,古彬.大学生体育与健康[M].武汉:华中科技大学出版社,2018.

[25]易礼舟,戴彬.大学生体育与健康[M].重庆:重庆大学出版社,2018.

[26]邵林海.地方高校体育教师专业发展研究[M].北京:冶金工业出版社,2018.

[27]冯涛.足球教学设计与训练实践研究[M].长春:吉林大学出版社,2018.

[28]翟雪曼,徐世贵.有效教学与名师优化课堂设计[M].天津:天津教育出版社,2018.

[29]王向宏.体能训练理论与方法[M].北京:北京航空航天大学出版社,2019.

[30]吕万刚,陈小平,袁龙.体能训练理论与方法[M].北京:高等教育出版社,2020.

[31]赵焕彬.体能训练理论与方法[M].北京:高等教育出版社,2020.